PRATIQUE
CONJUGAISON

500 exercices

B1
B2

corrigés inclus

Odile Grand-Clément
Aline Volte

CLE
INTERNATIONAL

Crédits photographiques

p. 12 : Natalia/Adobe stock – **p. 35 :** Marco Scisetti/Adobe stock – **p. 47 :** Jaynes Gallery/Danita Delimont/ Adobe stock – **p. 65 :** sdecoret/Adobe stock – **p. 66 :** Camille Claudel/COLLECTION CHRISTOPHEL – **p. 73 :** Unique Vision/Adobe stock – **p. 81 :** Guntar Feldmann/Adobe stock – **p. 116 :** Studio Laure/Adobe stock – **p. 134 :** Wayhome Studio/Adobe stock – **p. 152 :** constantinos/Adobestock – **p. 165 :** Ekaterina Belova/Adobe stock – **p. 177 :** kilhan/Adobe stock – **p. 190 :** Netfalls/Adobe stock

Direction éditoriale : Béatrice Rego
Marketing : Thierry Lucas
Édition : Brigitte Faucard
Conception maquette : Dagmar Stahringer
Mise en pages : Dominik Raboin – Domino
Couverture : Sophie Ferrand

© CLE International / Sejer – Paris 2021
ISBN : 978-209-035373-0

Avant-propos

Ce manuel est dédié aux étudiants étrangers, grands adolescents et adultes, souhaitant améliorer leur maîtrise de la conjugaison francaise en groupe classe ou en autonomie.

Il se compose de treize chapitres, correspondant aux principaux points de conjugaison abordés dans les méthodes aux niveaux B1 et B2 du CERL.

Au sein de chaque chapitre, les exercices sont conçus de facon progressive, précédés à chaque étape d'un bref rappel sur chaque conjugaison. Ce rappel est illustré par des exemples accompagnés d'explications courtes et simples, dans le respect de l'approche communicative.

Les exercices sont présentés sous des formes variées afin d'éviter toute monotonie.

À la fin de chaque chapitre, des exercices de bilan permettent de vérifier l'acquisition des points abordés. Les corrigés des exercices, dans le livret, permettent un apprentissage en autonomie.

Sommaire

Le passé composé de l'indicatif

• Le passé composé de l'indicatif

Le passé composé se forme, pour la majorité des verbes, avec l'auxiliaire « avoir » et le participe passé du verbe.

Pour les verbes *aller, arriver, rester, tomber, partir, venir, revenir, devenir, naître, mourir, décéder*, le passé composé se forme avec l'auxiliaire « être ».

Pour les verbes : *passer, sortir, rentrer, monter, descendre, retourner*, on utilise « avoir » quand ils ont un complément d'objet direct (COD) et « être » quand ils n'en ont pas.

Elle a descendu les valises à la cave.

Elle est descendue à la cave.

Avec « être », le participe passé s'accorde avec le sujet.

Avec « avoir », le participe passé s'accorde avec le complément d'objet direct s'il est placé avant le verbe.

Il a fait une erreur. Je comprends l'erreur qu'il a faite.

 On ne fait pas l'accord du participe passé avec « en ».

Des livres, j'en ai acheté beaucoup.

---

1. **Trouvez les différentes formes possibles du participe passé de ces verbes.**

Exemple : offrir → offert / offerte / offerts / offertes

a. mettre → ....

b. découvrir → ....

c. joindre → ....

d. surprendre → ....

e. obtenir → ....

f. devoir → ....

g. servir → ....

h. connaître → ....

2. **Complétez avec le participe des verbes entre parenthèses.**

Exemple : J'ai convaincu mon ami de m'accompagner à la gare. (*convaincre*)

a. Il a .... toute la journée. (*pleuvoir*)

b. Ce livre m'a beaucoup .... (*plaire*)

c. Pourquoi est-ce que tu m'as .... ? (*interrompre*)

d. Vous avez .... toutes les lumières avant de partir ? (*éteindre*)

e. On a déjà .... nos objectifs. (*atteindre*)

f. Ils ont .... au tremblement de terre. (*survivre*)

g Tu as .... l'énigme ? (*résoudre*)

h. Nous avons .... rater l'avion. (*faillir*)

3. Complétez au passé composé avec les verbes proposés.

recueillir/tomber – dissoudre/perdre – rentrer/sortir – vivre/acquérir –
réfléchir/résoudre – offrir/ouvrir – apercevoir/ralentir – neiger/vouloir

Exemple : Il a neigé toute la nuit, je n'ai pas voulu prendre la voiture.

a. Quand on ...., le chat ....

b. L'automobiliste .... un policier, il .... immédiatement.

c. Son mari lui .... un cadeau mais elle ne l'................. pas ....

d. J'... au problème mais je ne l'... .

e. Le président .... l'assemblée et il .... la majorité.

f. Ils .... trois ans aux États-Unis et ils .... une bonne maîtrise de la langue.

g. Mes voisins .... un chien abandonné. Ils .... sur un animal adorable.

4. Complétez avec le participe passé des verbes entre parenthèses.

Exemple : J'ai confondu les deux mots. (*confondre*)

a. À l'impossible, nul n'est .... (*tenir*)

b. J'ai .... mes peurs. (*vaincre*)

c. Elle a .... une odeur étrange. (*percevoir*)

d. Napoléon a .... l'Europe. (*conquérir*)

e. Ils ont .... le désir d'arrêter le projet. (*émettre*)

f. Vous avez .... la loi. (*enfreindre*)

g. C'est son opinion qui a .... (*prévaloir*)

5. Mettez les verbes au passé composé et répondez à la forme négative.

Exemple : Vous avez soutenu votre équipe ?
→ Non, je n'ai pas soutenu mon équipe.

a. Tu .... le message ? (*transmettre*)

→ Non, ...

b. Vous .... un bruit ? (*percevoir*)

→ ....

c. Le maire .... l'accès à la plage ? (*interdire*)

→ ....

d. Il .... la maison ? (*entretenir*)

→ ....

e. Vous .... tous les arbres ? (*abattre*)

→ ....

f. Ils .... célèbres ? (*devenir*)

→ ....

6. Trouvez l'infinitif.

Exemple : **éteint** → éteindre

a. survécu → ....

b. poursuivi → ....

c. interrompu → ....

d. convaincu → ....

e. fallu → ....

f. conclu → ....

g. failli → ....

h. assis → ....

7. Mettez au passé composé.

Exemple : Son exploit lui vaut une médaille d'or.
→ Son exploit lui a valu une médaille d'or.

a. Il ne contredit jamais ses interlocuteurs.

→ ....

b. Malgré ses absences, ses professeurs ne l'excluent pas encore du lycée.

→ ....

c. En fait, cela ne résout pas le problème.

→ ....

d. Ils ne débattent plus jamais de politique.

→ ....

e. Elle n'interrompt pas encore ses études.

→ ....

f. Il ne faut pas tout recommencer à zéro.

→ ....

g. Tu n'as toujours pas de réponse ?

→ ....

h. Elle ne confond plus ces deux mots.

→ ....

8. Soulignez, dans chaque série, le verbe dont le participe passé est différent et écrivez-le.

Exemple : apparaître – <u>naître</u> – disparaître – connaître – paraître → né

a. reprendre – attendre – confondre – étendre – vendre → ....

b. définir – devenir – obtenir – convenir – soutenir → ....

c. mentir – partir – sortir – souffrir – servir → ....

d. soustraire – extraire – déplaire – distraire – abstraire → ....

9. Transformez les phrases comme dans l'exemple.

Exemple : Je n'ai jamais mis cette robe.
→ Cette robe, je ne l'ai jamais mise.

a. J'ai rejoint mes amis plus tard.

→ ....

b. On a rapidement conclu cette affaire.

→ ....

c. Je n'ai pas choisi mes collègues.

→ ....

d. Il a conçu seul ce prototype.

→ ....

e. Nous avons restreint nos sorties.

→ ....

f. Ils ont inscrit tous leurs enfants à un club de judo.

→ ....

g. Le PDG a réduit de 10 % les salaires.

→ ....

10 Accordez les participes passés.

Exemple : Ils sont montés au dernier étage de la Tour Eiffel.

a. Ils ont mont... une startup.

b. C'est une erreur grave qu'il a commi.. .

c. Cette nature morte, quand Van gogh l'a-t-il pein.. ?

d. Je n'oublierai jamais les bons moments que nous avons pass... ensemble.

e. Nous sommes rest... bloqués dans l'ascenseur.

f. Voilà la maison que mes grands-parents ont construi.. .

g. La douleur que j'ai ressent... était très forte.

h. Son attitude m'a beaucoup dépl... .

11 Mettez au passé composé et faites l'accord du participe passé.

Exemple : Avez-vous reçu la lettre que je vous ai envoyée ? (recevoir/envoyer)

a. ....-il .... la tâche que nous leur .... ? (finir/confier)

b. Ils .... beaucoup d'argent dans la maison qu'ils .... (investir/construire)

c. Ils .... beaucoup de réformes qu'ils n'............ jamais .... (promettre/faire)

d. Il .... beaucoup de projets qu'il n'............ jamais .... (entreprendre/finir)

e. L'usine .... des voitures qu'elle n'............ pas .... (produire/vendre)

f. Il .... son manuscrit à un éditeur qui l'........................... tout de suite (soumettre/accepter)

12 Mettez au passé composé. *Être* ou *avoir* ?

Exemple : Je passe chez toi à 13 h
→ Je suis passé chez toi à 13 h.

a. Elle retourne la situation à son avantage.

→ ....

b. Tu passes trop de temps sur les écrans.

→ ....

c. Tu retournes chez tes parents pour Noël ?

→ ....

d. La gardienne monte le courrier à midi.

→ ....

e. Vous descendez à quelle station ?

→ ....

f. Ils montent à quel étage ?

→ ....

g. Les skieurs descendent la pente à toute vitesse.

→ ....

h. Ils sortent le chien deux fois par jour.

→ ....

13 Mettez dans l'ordre.

Exemple : n' / examens. / encore / Nous / pas / nos / passé / avons
→ Nous n'avons pas encore passé nos examens.

a. se / à / réussi /d' / Ils / finalement / mettre / accord. / ont

→ ....

b. ne / jamais / Mes / camping. / sont / plus / dans / amies / retournées / ce

→ ....

c. erreur / c' / vous / l' / commise. / est / qui / Cette / avez

→ ....

d. par / moments / Elles / très / sont / difficiles. / passées / des

→ ....

e. ans. / est / à / Polytechnique / il / major / a / y / Elle / entrée / deux

→ ....

f. l' / Elle / plus / est / âge. / tolérante / de / en / devenue / avec / plus

→ ....

14 Complétez au passé composé avec les verbes proposés.

croire – croître – faillir – falloir – courir – parcourir – prévenir – prévoir

Exemple : Je n'ai jamais cru à ses mensonges.

a. Personne ne m'.. du changement de date de la réunion.

b. Le navigateur .... 1 200 km en solitaire.

c. Le taux de chômage .... à une vitesse impressionnante.

d. On s'est trompé dans nos calculs. Il .... repartir à zéro.

e. J'.. tomber dans les escaliers.

f. Qu'est-ce que tu .... pour les vacances ?

g. J'.. pour attraper mon train.

15 **Trouvez les synonymes dans la liste et mettez-les au passé composé comme dans l'exemple.**

advenir – permettre – concevoir – combattre – nuire – parvenir – interrompre

Exemple : Il a autorisé sa fille à sortir le samedi.
→ Il a permis à sa fille de sortir le samedi.

a. Qui a eu l'idée de cet appareil révolutionnaire ?

→ Qui .... cet appareil révolutionnaire ?

b. Le tabac a été très mauvais pour sa santé.

→ Le tabac .... à sa santé.

c. Il a arrêté la réunion pour boire un café.

→ Il .... pour boire un café.

d. A-t-il réussi à joindre le client ?

→ .... à joindre le client ?

e. Il a lutté contre l'injustice toute sa vie.

→ Il .... l'injustice toute sa vie.

f. Qu'est-il arrivé à sa famille ?

→ Qu'est-il .... de sa famille ?

16 **Complétez avec les verbes proposés au passé composé.**

finir – réagir – entreprendre – suivre – partir – sortir – descendre – avoir –
parcourir – atteindre – apercevoir – repartir – voir – courir

Une mésaventure

Pendant ses vacances dans les Pyrénées, un jeune garçon a entrepris **(a)** de faire une randonnée dans la montagne. Il .... **(b)** seul. Il .... **(c)** quelques centaines de mètres. Tout à coup, un ours .... **(d)** de derrière un arbre. L'enfant l'..................... **(e)** et .... bien .... **(f)**. Il .... **(g)** lentement, il n'..................... pas .... **(h)**. L'ours l'..................... **(i)** pendant quelques minutes mais .... finalement .... **(j)** dans l'autre sens. Le garçon .... **(k)** le bas de la montagne sain et sauf. Son père .... **(l)** de loin la scène et .... **(m)** très peur pour son fils. Heureusement cette aventure .... bien .... **(n)**.

17 **Complétez avec les verbes proposés au passé composé.**

suivre – poursuivre – acquérir – requérir – prescrire – proscrire – émettre – omettre

Exemple : Personne n'a émis l'hypothèse d'un complot.

a. Le ministre de l'intérieur .... tout rassemblement de plus de 100 personnes.

b. En trois mois, les élèves .... un vocabulaire basique en anglais.

c. Vous .... de m'inscrire sur la liste.

d. Mon médecin m'.. des antibiotiques.

e. Malgré les difficultés, nous .... nos efforts.

f. J'.. les conseils de mon professeur.

g. Le procureur .... une peine de trois ans de prison.

18 **Reliez les questions aux réponses et complétez les participes passés.**

a. Tu te souviens de son adresse ?

b. Où avez-vous acheté cette tarte succulente ?

c. Tu as pris tes médicaments ?

d. Tu connais les codes d'entrée ?

e. Où as-tu mis les clés ?

f. Comment te rappelles-tu tous ces mots de passe ?

g. Qui t'a offert ces chaussures de luxe ?

h. Comment as-tu appris la nouvelle ?

1. Je les ai rang...... à leur place habituelle.

2. Je l'ai appri...... par la radio.

3. Non, je ne les ai pas encore achet...... .

4. Oui, je l'ai notée sur un papier.

5. C'est moi qui l'ai fait...... .

6. Oui, je les ai écrit...... sur mon téléphone.

7. Je les ai tous créé...... sur le même modèle.

8. C'est moi qui les ai pay...... avec mon argent de poche.

19 **Transformez les phrases comme dans l'exemple.**

Exemple : Il a remis les clefs au gardien.
→ Les clés, il les a remises au gardien.

a. Nous avons fait cette gaffe. → ....

b. Vous avez dit ces insultes. → ....

c. Vous avez construit votre maison ? → ....

d. Tu as choisi ta colocataire ? → ....

e. Des amis m'ont prêté ces vêtements. → ....

f. Un expert a estimé ces bijoux. → ....

• Le passé composé des verbes pronominaux

Le passé composé des verbes pronominaux se forme toujours avec l'auxiliaire « être ».

Le participe passé s'accorde avec le sujet si le verbe est direct.

Ils se sont vus. (voir qqn)

Elle s'est blessée. (blesser qqn)

Si le verbe pronominal est suivi d'un COD, le participe passé reste invariable.

Elle s'est maquillé <u>les yeux</u>.

• Le passé composé des verbes pronominaux (suite)

Si le COD est placé avant le verbe, le participe passé s'accorde avec le COD.

Ils se sont envoyé des SMS.

Les SMS qu'ils se sont envoyés ont disparu.

Le participe passé reste invariable lorsque le pronom réfléchi est un COI : (verbe + à).

Elle s'est demandé pourquoi. (demander à qqn)

Ils se sont téléphoné. (téléphoner à qqn)

✋ Lorsque le verbe « se faire » est suivi d'un infinitif, le participe passé reste invariable.

Elle s'est fait couper les cheveux.

---

20 **Complétez les participes passés et reliez.**

a. Elle s'est trompée   **1.** à la gare.

b. Elles ne se sont souven......   **2.** à la fac.

c. Ils se sont occup......   **3.** arrêter.

d. On s'est disput......   **4.** des voisins.

e. Nous nous sommes rencontr......   **5.** de rien.

f. Il s'est incr......   **6.** de jour.

g. Nous nous sommes fai......   **7.** de la réservation des billets.

h. Elles se sont plain......   **8.** par hasard.

i. Ils se sont rejoin......   **9.** à cause des enfants.

21 **Barrez ce qui ne convient pas.**

Exemple : Elle s'est ~~mis~~ / mise en colère.

a. Elles se sont *vues / vu*.

b. Elle s'est *fait / faite* inviter.

c. Nous nous sommes *donné / donnés* du mal.

d. Elle ne s'est pas *excusée / excusé*.

e. Elle s'est *permis / permise* de répondre.

f. Ils se sont *envoyé / envoyés* des messages.

g. Ils se sont *quitté / quittés*.

h. Quand vous êtes-vous *parlé / parlés* pour la dernière fois ?

22 **Complétez au passé composé avec les verbes proposés.**

apercevoir – s'apercevoir – rendre – se rendre – entendre – s'entendre – douter – se douter

Exemple : – Pierre est arrivé ? – Oui, je l'ai aperçu tout à l'heure

a. Elle .... bien .... avec tous ses collègues.

b. J'..................... toujours .... de son honnêteté.

c. Les pompiers .... rapidement sur les lieux de l'accident.

d. On n'........................ plus jamais .... parler de lui.

e. L'inspecteur .... tout de suite .... que le suspect mentait.

f. Son attitude m'.. folle.

g. Elle .... qu'elle avait perdu sa carte visa.

23 **Mettez les verbes entre parenthèses au passé composé.**

Exemple : Quand le professeur est arrivé, les élèves se sont tus. *(se taire)*

a. La présidente .... à l'accusé. *(s'adresser)*

b. Les habitants de l'immeuble .... pour discuter des travaux. *(se réunir)*

c. Elle .... ce qu'elle devait faire. *(se demander)*

d. Nous .... du bruit. *(se plaindre)*

e. Vous .... de lui couper la parole ? *(se permettre)*

f. Ils .... la question. *(se poser)*

g. Elles .... de se revoir bientôt. *(se promettre)*

L'imparfait de l'indicatif

• L'imparfait de l'indicatif

L'imparfait se forme à partir de la première personne du pluriel du présent.

Savoir → nous sav-ons → *je savais, tu savais, il/elle/on savait, nous savions, vous saviez, ils/elles savaient*

✋ Le verbe « être » est une exception → *j'étais, tu étais, il/elle/on était, nous étions, vous étiez, ils/elles étaient*

Pour les verbes en « ger » et en « cer », on écrit *ge* et *ç* devant *-ais, -ait, -aient* pour garder aux consonnes *g* et *c* leur prononciation [ʒ] et [s].

Je voyageais – On commençait

Les verbes en « -ier », « -ayer », « -oyer » et « -uyer » se prononcent de la même façon au présent et à l'imparfait à la première et à la deuxième personne du pluriel. Il ne faut pas oublier d'ajouter un « i » à l'imparfait.

Nous étudions – Nous étudiions
Vous payez – Vous payiez
Vous envoyez – Vous envoyiez
Nous appuyons – Nous appuyions

Il en est de même avec certains verbes en « -dre », comme *craindre*, qui ont le 2ᵉ radical en « gn ».

Vous craignez – Vous craigniez

24 Mettez les verbes à la première personne du pluriel du présent puis à l'imparfait.

Exemple : lire → nous lisons → je lisais

a. traduire → nous .... → tu ....

b. maintenir → nous .... → ils ....

c. vivre → nous .... → on ....

d. peindre → nous .... → vous ....

e. réfléchir → nous .... → je ....

f. revenir → nous .... → ils ....

g. courir → nous .... → tu ....

h. attendre → nous .... → nous ....

25 Mettez les phrases à l'imparfait.

Exemple : On veut connaître la vérité.
→ On voulait connaître la vérité.

a. Tu ne peux pas accepter. → ....

b. Il conduit bien. → ....

c. Je soutiens mon équipe. → ....

d. Nous craignons le pire. → ....

e. Il me connaît depuis longtemps. → ....

f. Ils comprennent vite. → ....

g. Je mets une heure pour aller au bureau. → ....

h. Vous recevez beaucoup de mails ? → ....

26 *Être* ou *avoir* ? Barrez ce qui ne convient pas

Exemple : Vous ~~étiez~~ / *aviez* honte de votre attitude ?

a. Les enfants *avaient* / *étaient* sommeil.

b. Nous *avions* / *étions* hâte d'être en vacances.

c. Tu *avais* / *étais* toujours raison.

d. On *était* / *avait* envie d'être autonomes.

e. Elle *avait* / *était* de la chance d'avoir une bonne mémoire.

f. J'*avais* / *étais* très soif à cause de la chaleur.

g. Vous *aviez* / *étiez* 10 minutes de retard.

27 Complétez avec les verbes *être*, *avoir* ou *faire* à l'imparfait.

Exemple : En été, il faisait 35 °C.

a. Ça .... longtemps que j'attendais le bus.

b. Vous .... toujours trop chaud.

c. Il .... trop froid pour sortir.

d. Il y .... beaucoup de bruit dans le restaurant.

e. Les trains .... souvent du retard.

f. Nous .... en retard comme d'habitude.

g. Il .... nuit à 6 h.

h. On .... tous très faim.

28 Mettez les verbes entre parenthèses à l'imparfait.

Exemple : Mes parents partageaient les tâches ménagères. (*partager*)

a. Je .... à perdre patience. (*commencer*)

b. Sa mère .... une grande entreprise. (*diriger*)

c. Nous .... tous les deux ans. (*déménager*)

d. Ils .... leurs économies dans l'immobilier. (*placer*)

e. En 2000, les écologistes .... déjà le réchauffement climatique. (*annoncer*)

f. Il ne .... jamais à ses projets. (*renoncer*)

g. Le bruit de la rue ne me .... pas. (*déranger*)

29 Remplacez le présent par l'imparfait à la forme négative.

Exemple : Maintenant, les Français travaillent 35 h par semaine.
→ Avant, ils ne travaillaient pas 35 h par semaine.

a. Maintenant, les femmes ont le droit de vote.

→ Avant, ...

b. Maintenant, les trains vont très vite.

→ Avant, ...

c. Maintenant, les Français prennent beaucoup de vacances.

→ Avant, ...

d. Maintenant, on voit des gens téléphoner dans la rue.

→ Avant, ...

e. Maintenant, presque tout le monde a un smartphone.

→ Avant, ...

f. Maintenant, les jeunes font de longues études.

→ Avant, ...

g. Maintenant, les Français voyagent souvent.

→ Avant, ...

h. Maintenant, les jeunes communiquent sur les réseaux sociaux.

→ Avant, ...

30 Savoir ou connaître ? Soulignez le verbe correct.

Exemple : On ne <u>connaissait</u> / savait pas nos voisins.

a. Tu connaissais / savais qu'il était marié ?

b. Nous connaissions / savions un bon restaurant près de chez nous.

c. Vous connaissiez / saviez s'ils étaient d'accord ?

d. Elle connaissait / savait nager depuis longtemps.

e. – Il va prendre une année sabbatique. – Ah bon ? Je ne connaissais / savais pas.

f. Ils ne connaissaient /savaient pas mon numéro de téléphone.

31 Mettez les verbes entre parenthèses à l'imparfait.

Quel genre d'élève étiez-vous ?

Exemple : Faisiez-vous vos devoirs au dernier moment ? *(faire)*

a. ....-vous ce que .... les professeurs ? *(comprendre/dire)*

b. ....-vous vos cours tous les soirs ? *(relire)*

c. ....-vous de bonnes notes ? *(obtenir)*

d. ....-vous bien en classe ? *(se comporter)*

e. ....-vous avant de répondre aux questions du professeur ? *(réfléchir)*

f. ....-vous seul vos problèmes ? *(résoudre)*

g. ....-vous les règles de la classe ? *(suivre)*

h. ....-vous parfois vos parents ? *(décevoir)*

32 Barrez le verbe qui n'appartient pas à la catégorie proposée et dites pourquoi.

Exemple : vous couriez – ~~vous riez~~ – vous preniez – vous veniez – vous saviez – vous partiez
→ *riez* est le seul verbe au présent

a. il ralentissait – il agissait – il glissait – il finissait – il choisissait – il rougissait

→ ....

b. tu fuyais – tu appuyais – tu essuyais – tu ennuyais – tu envoyais – tu tutoyais

→ ....

c. ils obtenaient – ils devenaient – ils soutenaient – ils amenaient – ils revenaient – ils maintenaient

→ ....

33 Mettez les verbes à la première personne du pluriel du présent puis à l'imparfait.

Exemple : épeler → nous épelons → j'épelais

a. appeler → nous .... → il ....

b. se promener → nous .... → je ....

c. projeter → nous .... → ils ....

d. préférer → nous .... → tu ....

e. acheter → nous .... → elle ....

f. répéter → nous .... → on ....

g. exagérer → nous .... → tu ....

34 Soulignez les verbes à l'imparfait.

Exemple : Vous <u>étudiiez</u> le grec ?

a. Nous publiions nos photos sur Instagram.

b. Vous vous confiez facilement à vos amis ?

c. Nous oublions quelquefois de payer nos factures.

d. Nous nous méfiions de nos voisins.

e. Vous vous souciiez de votre santé ?

f. Nous bénéficions d'une aide de l'État.

g. Nous vous remercions de votre gentillesse.

35 **Mettez à l'imparfait.**

Mon meilleur professeur enseignait *(enseigner)* (**a**) l'anglais. En une semaine, il .... *(se rappeler)* (**b**) le nom de tous les élèves. Il .... *(exiger)* (**c**) beaucoup de ses élèves mais aussi de lui-même. Il .... *(choisir)* (**d**) des textes intéressants. Il .... *(maintenir)* (**e**) l'ordre dans la classe. Mon pire professeur .... *(menacer)* (**f**) constamment de nous punir. Il ne .... *(réussir)* (**g**) jamais à obtenir le silence. Il ne .... *(faire)* (**h**) preuve d'aucune patience. À la fin de l'année, il ne .... *(connaître)* (**i**) toujours pas nos noms.

36 **Dites le contraire en utilisant un verbe de sens opposé.**
    Ils étaient différents.

Exemple : Il parlait beaucoup pendant les repas de famille. → Elle se taisait.

a. Il s'amusait en boîte de nuit. → Elle ....

b. Il tutoyait ses beaux-parents. → Elle les ....

c. Il riait souvent. → Elle .... souvent.

d. Il permettait à leurs enfants de sortir le soir. → Elle leur .... de sortir le soir.

e. Il grossissait en vacances. → Elle ....

f. Il gagnait au poker. → Elle ....

g. Il oubliait les anniversaires. → Elle s'en ....

37 **Remplacez les verbes par leur synonyme et mettez à l'imparfait.**

    contraindre – essayer – changer – résoudre – se soucier – réunir – accueillir – réussir

Exemple : Mes grands-parents rassemblaient toute la famille à Noël.
→ Mes grands-parents réunissaient toute la famille à Noël.

a. Vous régliez seul vos problèmes ?

→ Vous .... seul vos problèmes ?

b. Est-ce que vous receviez souvent des amis chez vous ?

→ Est-ce que vous .... souvent des amis chez vous ?

c. Nous tentions de le faire changer d'avis.

→ Nous .... de le faire changer d'avis.

d. Notre chef nous obligeait à faire des heures supplémentaires.

→ Notre chef nous .... à faire des heures supplémentaires.

e. On modifiait les règles du jeu.

→ On .... les règles du jeu.

f. Pourquoi vous vous inquiétiez de l'opinion des autres ?

→ Pourquoi vous .... de l'opinion des autres ?

g. Nous ne parvenions pas à nous mettre d'accord.

→ Nous ne .... pas à nous mettre d'accord.

38 Mettez dans l'ordre.

Exemple : longtemps / avant / On / une / réfléchissait / de / décision. / prendre
→ On réfléchissait longtemps avant de prendre une décision.

a. ne / ce / Elle / il / savait / qu' / faire. / fallait / pas   → ....

b. façon / la / Sa / s' / rajeunissait. / nouvelle / de / habiller   → ....

c. arguments / ne / Ses / pas / tout. / convainquaient / me / du → ....

d. lui / Je / jamais / ne / réussissais / à / parler.   → ....

e. passe. / souvenais / tous / de / Tu / mots / te / tes / de   → ....

f. dont / nous / méfiions. / quelqu'un / C' / nous / est   → ....

39 Mettez les verbes à l'imparfait et associez au métier correspondant.
Métiers disparus

le poinçonneur – la speakerine – la couturière – le mineur – la lavandière – la dactylographe – le crieur

Exemple : Il extrayait le charbon. *(extraire)* → le mineur

a. Elle .... un texte sur une machine à écrire. *(saisir)* → ....

b. Il .... les titres de transport dans le métro et le bus et .... un trou dans chaque ticket. *(vérifier/faire)* → ....

c. Il .... les nouvelles sur les places publiques. *(annoncer)* → ....

d. Elle .... sur le petit écran avant chaque émission. *(apparaître)* → ....

e. Elle .... le linge dans la rivière. *(nettoyer)* → ....

f. Elle .... des vêtements sur mesure. *(coudre)* → ....

40 Mettez les verbes à l'imparfait et reliez les éléments
Sauvons la planète !

a. Nous nous déplaçons trop en voiture.   **1.** Et si nous les .... ? *(recycler)*

b. Nous mangeons des produits venus de loin.   **2.** Et si nous prenions les transports en commun ? *(prendre)*

c. Nous jetons nos appareils ménagers usagers.   **3.** Et si nous la .... par des protéines végétales ?
(remplacer)

d. Nous consommons trop de viande.

e. Nous achetons 140 bouteilles d'eau par an.   **4.** Et si nous .... l'eau du robinet ? *(boire)*

f. Nous utilisons des produits polluants pour   **5.** Et si nous .... local ? *(manger)*

le ménage.   **6.** Et si nous .... des produits naturels ? *(employer)*

41 Complétez le texte avec les verbes proposés à l'imparfait.

venir – ramasser – réapparaître – déranger – ranger – régner – partager –
se mettre – se plaindre – menacer – commencer

Ma sœur et moi, on partageait **(a)** la même chambre.

Il y .... **(b)** un désordre indescriptible, ce qui ne nous .... **(c)** absolument pas.

Chaque fois que notre mère .... **(d)** dans notre chambre, elle .... **(e)** en colère

et .... **(f)** à crier. Elle ....**(g)** même de nous punir.

Pour lui faire plaisir, on .... **(h)** les vêtements sales et on .... **(i)** nos bureaux.

Mais rapidement le désordre .... **(j)** et notre mère .... **(k)** à nouveau.

Le passé composé et l'imparfait

• Le passé composé et l'imparfait

On utilise l'imparfait pour une description, pour situer le cadre de l'action principale.

Nous sommes allés à la mer. Le temps était **magnifique.**

Pour exprimer une habitude, une action en cours d'accomplissement.

Avant, je faisais **du jogging tous les jours.**

Je lisais **quand il est arrivé.**

Il remplace le présent dans le discours indirect lorsque le verbe introducteur est au passé.

Il m'a dit qu'il était **malade.**

Le passé composé sert à décrire des événements ou des actions dans le passé à un moment déterminé. Il peut aussi exprimer le résultat présent d'une action passée.

Quand il était plus jeune, il habitait à la campagne. En 2015, il a trouvé **un poste à Paris. Maintenant, il** s'est **bien** habitué **à sa nouvelle vie.**

---

42 Barrez ce qui ne convient pas.

Exemple : Quand elle est arrivée à Paris, *elle ne connaissait* / ~~elle n'a connu~~ personne.

a. Il s'est marié ? Ah bon ? *Je n'ai pas su / Je ne savais pas.*

b. Quand il était petit, *il voulait / il a voulu* être pompier.

c. Dès qu'elle l'a vu, *elle savait / elle a su* qu'il était l'homme de sa vie.

d. *Il devait / Il a dû* poser la question plusieurs fois avant d'obtenir une réponse.

e. Elle travaille toujours ? *Je croyais / J'ai cru* qu'elle était à la retraite.

f. *Vous deviez / Vous avez dû* m'appeler hier, mais j'attends toujours votre appel.

g. Qu'est-ce que *tu as pensé / tu pensais* quand tu as appris la nouvelle ?

43 Mettez les verbes au passé composé ou à l'imparfait.

Exemple : J'ai travaillé pendant 20 ans dans cette entreprise. Je l'ai quittée pour créer une startup. *(travailler/quitter)*

a. Quand la Présidente .... dans la salle, tout le monde .... *(entrer/se lever)*

b. Ils .... en 2000. Ils .... déjà ensemble depuis 2 ans. *(se marier/vivre)*

c. Tu travailles aujourd'hui ? Je .... que tu .... en vacances. *(croire/être)*

d. Quand elle .... dans le métro, elle .... mourir de chaleur. *(monter/croire)*

e. Dès que le témoin .... la parole, l'avocat l'... . *(prendre/interrompre)*

f. – Comment .... vos vacances ?

– Très mal, il .... faire une heure de voiture pour aller à la plage. *(se passer/falloir)*

g. Ils... leur consommation de viande parce qu'ils ....

conscients des conséquences sur notre environnement. *(restreindre/devenir)*

44 **Barrez ce qui ne convient pas.**

Exemple : Quand le métro est arrivé, il ~~a été~~ / *était* plein.

a. Les voyageurs *se sont précipités / se précipitaient* pour monter les premiers.

b. Quand j'ai fini mes études, *j'ai tout de suite trouvé / je trouvais tout de suite* du travail.

c. Quand l'acteur est entré sur scène, les spectateurs *applaudissaient / ont applaudi*.

d. Quand elle est arrivée au Canada, elle *ne connaissait / n'a connu* personne.

e. Il m'a dit qu'il *ne comprenait pas / n'a pas compris*.

f. Le jour où je l'ai vu pour la première fois, il *m'a plu / me plaisait*.

g. Quand elle est arrivée à la réunion avec des cheveux roses, tout le monde *a ri / riait*.

45 **Mettez le texte au passé.**

Juliette revient ce matin de vacances. Elle entre dans son immeuble et appelle l'ascenseur. Pendant qu'elle attend, elle aperçoit deux hommes qui descendent l'escalier chargés de deux gros sacs poubelle. Ils paraissent très stressés. Elle monte dans l'ascenseur. Quand elle atteint le sixième étage, elle découvre avec horreur que la porte de son appartement est grande ouverte. Elle vient d'être cambriolée.

Juliette est revenue ....

....

....

....

....

....

Bilan 1

1. Mettez les verbes à l'imparfait ou au passé composé. Accordez les participes passés si nécessaire.

Comme l'heure du déjeuner .... (*approcher*) (**a**), un manager, son assistante et son comptable .... (*décider*) (**b**) de pique-niquer dans un parc voisin. Quand ils .... (*atteindre*) (**c**) le parc, ils .... (*s'asseoir*) (**d**) sur un banc. Tout à coup, l'assistante .... (*apercevoir*) (**e**) une vieille lampe cachée dans un buisson.

Elle l'......................... (*ramasser*) (**f**), l'......................... (*frotter*) (**g**) pour enlever la saleté. C'est alors qu'un génie .... (*sortir*) (**h**) de la lampe et .... (*s'exclamer*) (**i**) :

« Vous m'......................... (*libérer*) (**j**) de cette lampe qui me .... (*retenir*) (**k**) prisonnier depuis des années. Pour vous remercier, chacun d'entre vous peut faire un vœu. »

L'assistante .... (*s'exprimer*) (**l**) la première et .... (*émettre*) (**m**) son vœu : elle .... (*vouloir*) (**n**) vivre sur une île paradisiaque avec un beau jeune homme. Immédiatement, elle .... (*disparaître*) (**o**) et .... (*se retrouver*) (**p**) sur une île magnifique.

Le comptable à son tour .... (*prendre*) (**q**) la parole. Il .... (*dire*) (**r**) qu'il .... (*désirer*) (**s**) une belle maison sur la côte d'Azur et qu'il .... (*arrêter*) (**t**) de travailler. Aussitôt, il .... (*voir*) (**u**) son vœu réalisé.

Le tour du manager .... (*arriver*) (**v**). Voilà la demande qu'il .... (*exprimer*) (**w**) : ses deux employés .... (*devoir*) (**x**) retourner au bureau et reprendre leur travail dans les 5 minutes.

2. Mettez les verbes à l'imparfait ou au passé composé.
   La parole est à la défense

Après le réquisitoire du procureur, l'avocat de le défense .... (*se lever*) (**a**) et .... (*s'adresser*) (**b**) à la cour :

Monsieur le Président, Mesdames et Messieurs les jurés,

Monsieur l'avocat général .... (*requérir*) (**c**) 10 ans de prison ferme pour ma cliente et pourtant je plaide non-coupable. Oui, je le sais, ma cliente .... (*passer*) (**d**) aux aveux. Mais n'oublions pas la grave perturbation qu'elle .... (*vivre*) (**e**) à la suite de son arrestation et à ce que je sache, l'aveu n'......................... jamais .... (*être*) (**f**) une preuve. ....-t-on .... (*recueillir*) (**g**) des preuves de sa culpabilité ? La réponse est non. Les incohérences du principal témoin à charge m'......................... (*stupéfaire*) (**h**). D'ailleurs, je .... (*intervenir*) (**i**) à plusieurs reprises pour lui montrer qu'il .... (*se contredire*) (**j**). Les témoignages des victimes vous .... certainement .... (*émouvoir*) (**k**) et à ce moment-là je suis sûr que vous .... (*haïr*) (**l**) l'accusée. Mais si vous .... bien .... (*entendre*) (**m**) tous les témoignages, vous .... (*se rendre compte*) (**n**) qu'aucun n'......................... (*établir*) (**o**) sa culpabilité.

Mesdames et Messieurs les jurés, ne quittez pas le tribunal avec un doute : « La décision que j'......................... (*prendre*) (**p**) est-elle la bonne ? ....-je .... (*suivre*) (**q**) ce que me .... (*dicter*) (**r**) ma conscience ? L'opinion publique ne m'.........................-t-elle pas .... (*influencer*) (**s**) ? » J'espère que je vous .... (*convaincre*) (**t**) de l'innocence de l'accusée. Pensez à la phrase de Voltaire : « Il vaut mieux acquitter un coupable que condamner un innocent. »

02 • Le plus-que-parfait de l'indicatif

Les verbes *être*, *avoir* et verbes en *-er*

• Le plus-que parfait de l'indicatif

Le plus-que-parfait se forme, comme le passé composé, avec l'auxiliaire « avoir » ou l'auxiliaire « être » mais à l'imparfait .

J'avais **pensé. – Il** était **allé.**

L'accord du participe passé suit les mêmes règles que pour le passé composé.
Le plus-que-parfait exprime une action antérieure à une action au passé (passé composé, imparfait).

Il a retrouvé la clé qu'il avais perdue <u>hier</u>.

---

46 **Transformez les passés composés en plus-que-parfait.**

Exemple : Ils ont abandonné le sport.
→ Ils avaient abandonné le sport.

a. J'ai pensé à toi.

→ ....

b. Ils ont déjà augmenté les prix.

→ ....

c. Vous êtes arrivés à quelle heure ?

→ ....

d. Nous avons déjà commandé.

→ ....

e. Tu y es allé ?

→ ....

f. Elle m'a prêté sa voiture.

→ ....

g. On est retournés au lycée.

→ ....

h. Il a oublié mon anniversaire.

→ ....

47 **Mettez les infinitifs au plus-que-parfait.**

Exemple : commencer → ils avaient commencé

a. changer (tu) → ....

b. être (vous) → ....

c. avoir (on) → ....

d. arriver (nous) → ....

e. aller (ils) → ....

f. remercier (je) → ....

g. tomber (elle) → ....

h. rester (je) → ....

48 Mettez les présents au plus-que-parfait.

Exemple : Vous dînez à quelle heure ?
→ Vous aviez dîné à quelle heure ?

a. Qu'espères-tu ?

→ ....

b. Quelle solution suggère-t-il ?

→ ....

c. Est-ce que j'ai le choix ?

→ ....

d. Qu'est-ce qu'ils pensent ?

→ ....

e. C'est toi qui payes l'addition ?

→ ....

f. Vérifiez-vous les chiffres ?

→ ....

g. Les parents apprécient-ils ce professeur ?

→ ....

h. Êtes-vous d'accord avec cette décision ?

→ ....

49 Barrez ce qui ne convient pas.

Exemple : Elle n'a jamais répondu aux mails que je lui avais ~~envoyé~~ / ~~envoyée~~ / envoyés.

a. Deux ans après leur arrivée en France, ils étaient *devenus* / *devenues* / *devenu* bilingues.

b. Elles n'étaient jamais *allées* / *allée* / *allés* dans cet endroit auparavant.

c. Pourquoi n'avez-vous pas rectifié l'erreur que vous aviez *commis* / *commise* / *commises* ?

d. Nous avions déjà *discutés* / *discuté* / *discutée* de ce sujet à la dernière réunion.

e. Après son mariage, elle n'était jamais *revenue* / *revenu* / *revenus* dans sa ville natale.

f. Ils ont retrouvé la valise qu'ils avaient *oublié* / *oubliée* / *oubliés* dans le train.

g. J'ai oublié la question que vous m'aviez *posée* / *posé* / *posés* la dernière fois.

50 Mettez les verbes au plus-que-parfait puis reliez.

a. À minuit, on l'a appelée	**1.** ce qui .... (*arriver*)
b. Il a fini tous les gâteaux	**2.** que tu m'.. . (*prêter*)
c. J'ai dépensé toute la somme	**3.** qu'on m'.. . (*confier*)
d. Il n'a pas répondu à la question	**4.** que j'.. . (*préparer*)
e. Ils n'ont pas appliqué les réformes	**5.** parce qu'elle n'était pas encore rentrée. (*rentrer*)
f. Tout le monde a aimé la tarte	**6.** que les députés .... (*voter*)
g. Personne n'a jamais su	**7.** que je lui .... (*poser*)
h. J'ai accompli toutes les missions	**8.** que j'.. sur la table. (*laisser*)

51 Mettez dans l'ordre.

Exemple : m' / pourquoi / m' / donné / note. / Le / expliqué / professeur / a / il / avait / cette
→ Le professeur m'a expliqué pourquoi il m'avait donné cette note.

a. -t- / à / que / lui / je / A / proposition / la / elle / réfléchi / avais / faite ?

→ ....

b. quel / chaussures, / tu / dans / Ces / les / magasin ? / achetées / avais

→ ....

c. l' / a / dont / Il / argent / hérité. / dépensé / avait / tout / il

→ ....

d. ne / m' / jamais / les / que / avais / lui / je / Elle / a / rendu / livres / prêtés.

→ ....

e. retrouvé / veste / oubliée / métro. / J' / j' / le / la / ai / avais / que / dans

→ ....

f. nous / l' / avions / à / hôtel. / Comme / sommes / raté / nous / restés / avion / l'

→ ....

52 Soulignez la bonne réponse.

Exemple : Quand on est entrés dans la salle, le film *a déjà commencé* / <u>*avait déjà commencé*</u>.

a. Elle a repris ses études cette année. *Elle n'était pas allée* / *Elle n'est pas allée* à la fac depuis 10 ans.

b. Ils se sont réveillés très tard parce que la veille *ils ont discuté* / *ils avaient discuté* jusqu'à minuit.

c. Ils ont beaucoup ri quand *elle est arrivée* / *elle était arrivée* avec des cheveux bleus.

d. Elle m'a avoué qu'*elle a triché* / *elle avait triché*.

e. J'ai réalisé que les cambrioleurs *ont volé* / *avaient volé* tous mes bijoux.

f. J'ai relu souvent les BD que mon grand-père *m'avait achetées* / *m' a achetées* quand j'étais petite.

g. Quand l'architecte nous a conseillé de créer une mezzanine, *nous avons pensé* / *nous avions pensé* que c'était une très bonne idée.

53 Posez une question au plus-que-parfait.

Exemple : Vous / réserver vos places ? → Aviez-vous réservé vos places ?

a. Ils / rêver d'une autre vie ? → ....

b. Elle / tout planifier ? → ....

c. Nous / bien calculer ? → ....

d. Tu / oublier ce détail ? → ....

e. Nous / avoir l'accord ? → ....

f. Vous / imaginer autre chose ? → ....

g. Ils / arriver à l'heure ? → ....

Les verbes en -*ir*, -*re* et -oir

54 Passé composé ou plus que parfait ? Cochez.

Exemple : Il avait été général.　　1. ☐ Passé composé　　2. ☒ Plus-que-parfait

a. Vous avez pu lui en parler ?　　1. ☐ Passé composé　　2. ☐ Plus-que-parfait

b. Ils avaient eu une vie agréable.　　1. ☐ Passé composé　　2. ☐ Plus-que-parfait

c. On n'a pas su répondre.　　1. ☐ Passé composé　　2. ☐ Plus-que-parfait

d. Tu avais dû refaire le chemin.　　1. ☐ Passé composé　　2. ☐ Plus-que-parfait

e. Il a fallu tout ranger.　　1. ☐ Passé composé　　2. ☐ Plus-que-parfait

f. Nous n'avions pas pu participer.　　1. ☐ Passé composé　　2. ☐ Plus-que-parfait

g. Ludivine a fait son possible.　　1. ☐ Passé composé　　2. ☐ Plus-que-parfait

h. Vous étiez venus en mai.　　1. ☐ Passé composé　　2. ☐ Plus-que-parfait

55 Mettez au passé composé puis au plus-que-parfait.

Exemple : mettre (tu) → tu as mis – tu avais mis

a. réfléchir (il) → .... – ....

b. traduire (nous) → .... – ....

c. devenir (ils) → .... – ....

d. croire (vous) → .... – ....

e. apercevoir (tu) → .... – ....

f. paraître (je) → .... – ....

g. éteindre (on) → .... – ....

h. falloir (il) → .... – ....

56 Mettez au pluriel.

Exemple : Il n'avait rien compris.
→ Ils n'avaient rien compris.

a. Tu n'étais pas encore arrivé.

→ Vous ....

b. Je n'avais jamais dit de telles choses.

→ Nous ....

c. Elle n'était pas encore partie du bureau à 21 h.

→ Elles ....

d. Tu n'avais convaincu personne.

→ Vous ....

e. Je n'avais plus jamais eu de ses nouvelles.

→ Nous ....

f. Il n'avait fait aucune proposition.

→ Ils ....

g. Elle n'était pas sortie de la journée.

→ Elles ....

h. Tu n'avais pas réfléchi aux conséquences.

→ Vous ....

57 Mettez les présents au plus-que-parfait.

Exemple : Il vit. → Il avait vécu.

a. Vous voyez. → ....

b. Ils choisissent. → ....

c. Tu crains. → ....

d. Je préviens. → ....

e. On reçoit. → ....

f. Nous atteignons. → ....

g. Vous promettez. → ....

h. Il offre. → ....

58 Mettez au plus-que-parfait puis reliez.

a. Les employés ont fait grève.

b. Il a toussé toute la nuit.

c. Le professeur a averti les parents.

d. Il a eu une amende.

e. On l'a licenciée.

f. Ils ont perdu le match.

g. Il a obtenu une promotion.

1. Il n'................... pas .... la limitation de vitesse. *(respecter)*

2. Ils ne l'........................... pas suffisamment .... *(préparer)*

3. Elle .... une faute grave. *(commettre)*

4. Leur fils n'.................... pas .... les cours depuis une semaine. *(suivre)*

5. Il .... froid. *(prendre)*

6. Le directeur n'avait pas voulu les augmenter. *(vouloir)*

7. Il l'.................... bien .... *(mériter)*

59 Être ou avoir ? Soulignez le bon auxiliaire et accordez les participes passés si nécessaire.

Exemple : Elles <u>étaient</u> / avaient parties.

a. Elles *avaient / étaient* né .... la même année.

b. Nous *avions / étions* couru............ le marathon de New-york.

c. Tu *étais / avais* voulu.. nous voir.

d. Elle *était / avait* tombé................ malade une semaine avant.

e. Vous *aviez / étiez* craint.. d'être punis ?

f. J'*étais / avais* interrompu.. mes études.

g. Ils *avaient / étaient* déçu................................ leurs clients.

h. Elle *était / avait* retourné............................. dans son pays.

60 Mettez les verbes entre parenthèses à l'imparfait ou au plus-que-parfait.

Exemple : Elle pleurait, jamais je ne l'avais vue dans un tel état. (*pleurer/voir*)

a. Mon père .... souvent qu'il .... une enfance heureuse. (*dire/avoir*)

b. Il .... être acteur mais ses parents l'en .... (*vouloir/dissuader*)

c. Je ne .... jouer que quand j'............................... mes devoirs. (*pouvoir/finir*)

d. Il ...., pourtant la météo .... du beau temps. (*pleuvoir/prévoir*)

e. Personne n'............................... parce que la question ne .... rien dire. (*répondre/vouloir*)

f. Nous .... nos objectifs mais il .... encore beaucoup de travail à faire. (*atteindre/rester*)

g. Elle n'............................... jamais............................... les conseils que je lui............................... . (*suivre/donner*)

61 Mettez au plus-que-parfait puis reliez.

a. Je ne suis pas libre pour ta fête d'anniversaire.

b. Je l'ai croisée ce matin mais elle a fait

c. Tu ne m'as pas écouté.

d. Tout à coup, elle a ressenti une douleur à la tête, c'était

e. Il a raté son examen

f. Les habitants ont entendu un grand bruit, c'était

g. J'ai trouvé un moyen de devenir riche.

h. Elle est partie sans rien dire à personne.

1. comme si une bombe .... sur l'immeuble. (*tomber*)

2. Pourquoi n'y ....-je pas .... plus tôt ? (*penser*)

3. comme si quelqu'un l'............................... . (*frapper*)

4. Si seulement j'............................... lui parler ! (*pouvoir*)

5. même s'il .... de gros efforts au dernier trimestre. (*fournir*)

6. Si seulement tu m'avais prévenu plus tôt ! (*prévenir*)

7. comme si elle ne m'............................... pas .... (*voir*)

8. Si seulement tu .... mes conseils ! (*suivre*)

62 Mettez au plus-que-parfait les verbes entre parenthèses.

Exemple : Elle était devenue dépressive quand elle avait perdu son travail. (*devenir/perdre*)

a. Le jeu vidéo qu'ils .... à un échec. (*concevoir/aboutir*)

b. Quand nous vous .... notre projet, vous .... très enthousiastes. (*soumettre/être*)

c. Quand ils .... la nouvelle, ils .... que c'était une blague. (*apprendre/croire*)

d. Quand la directrice .... cette candidate, son énergie l'............................... . (*rencontrer/conquérir*)

e. Je pensais que je les .... mais finalement ils n'............................... pas .... d'avis. (*convaincre/changer*)

f. Dès qu'ils .... un bébé, leur vie .... totalement différente. (*avoir/être*)

63 Répondez avec les éléments donnés.

Exemple : Pourquoi était-il fâché contre elle ? *(ne pas répondre à sa lettre)*
→ Parce qu'elle n'avait pas répondu à sa lettre.

a. Pourquoi avait-il peur ? *(recevoir des menaces)*

→ ....

b. Pourquoi es-tu allé voir ce film ? *(en entendre parler)*

→ ....

c. Pourquoi était-elle trempée ? *(ne pas prendre de parapluie)*

→ ....

d. Pourquoi avaient-ils changé de traitement ? *(ne pas voir d'amélioration)*

→ ....

e. Pourquoi êtes-vous surpris de ma remarque ? *(ne jamais dire cela)*

→ ....

f. Pourquoi n'a-t-il pas assisté à la réunion ? *(ne pas revenir des États-Unis)*

→ ....

64 Mettez au plus-que-parfait ou au passé composé.

Après la tempête

Quand la tempête est arivée *(arriver)* (**a**) les habitants .... déjà .... *(quitter)* (**b**) le village parce que la météo l'... *(annoncer)* (**c**) la veille. Après le retour au calme, quand ils .... *(revenir)* (**d**), ils n'..................... pas .... *(reconnaître)* (**e**) leur village. Le vent .... *(faire)* (**f**) tomber les arbres et .... *(arracher)* (**g**) les toits des maisons. Le pont .... *(diparaître)* (**h**), la rivière .... *(devenir)* (**i**) un fleuve, l'eau .... *(envahir)* (**j**) les maisons. Beaucoup .... tout .... *(perdre)* (**k**). Après un an de reconstruction, les habitants .... *(retrouver)* (**l**) le village qu'ils .... toujours .... *(connaître)* (**m**).

65 Mettez les verbes entre parenthèses au plus-que-parfait ou au passé composé.

Exemple : Je n'ai pas payé la facture car je l'avais déjà réglée. *(payer/régler)*

a. Le week-end dernier, nous .... à la mer. Nous y ....
deux semaines auparavant. *(aller/aller)*

b. Tu .... encore .... en vacances ? Mais tu en ....
au début du mois. *(partir/prendre)*

c. Nous .... au Portugal cette année. Nous n'y .... pas .... depuis 10 ans.
(retourner/aller)

d. J'... une prime en décembre, j'en .... déjà............................. une en juin.
(recevoir/avoir)

e. Vous .... encore .... des difficultés ? Je pensais que vous les .... déjà ....
(rencontrer/résoudre)

f. – Tu ne m'............................. toujours pas .... mes livres.
– Ah bon ? Je croyais que je te les .... *(rapporter/rendre)*

g. Comment ....-je .... perdre ma carte d'identité ? J'étais sûre que je l'.................................
dans mon sac. *(pouvoir/mettre)*

66 Mettez au passé composé, à l'imparfait ou au plus-que-parfait.
Faites l'accord des participes passés.

Mauvaise surprise !

L'été dernier, j'ai loué *(louer)* **(a)** ma maison à des touristes. Quand je .... *(rentrer)* **(b)**
de vacances, je ne l'..................... pas .... *(reconnaître)* **(c)**. Les fenêtres .... grandes
ouvertes *(être)* **(d)**. Le chat .... *(disparaître)* **(e)**, les plantes vertes ....
jaunes *(devenir)* **(f)**, les locataires ne les .... jamais .... *(arroser)* **(g)**... La télévision
.... *(marcher)* **(h)**, ils ne l'..................... pas .... *(éteindre)* **(i)**. Ils n'.....................
pas .... *(nourrir)* **(j)** le poisson rouge qui ne .... *(donner)* **(k)** plus signe de vie.
Des jouets .... *(traîner)* **(l)** par terre, personne ne les .... *(ranger)* **(m)**.
Ils n' .... pas .... *(vider)* **(n)** la baignoire. Dans la cuisine, la vaisselle sale ....
(remplir) **(o)** l'évier, ils ne l'..................... jamais .... *(mettre)* **(p)** dans le lave-vaisselle. Une vision
d'horreur ! J'........................... *(prendre)* **(q)** mon courage à deux mains et j'...
(commencer) **(r)** à ranger, à laver, à nettoyer pour retrouver la maison telle que je l'...
(laisser) **(s)**.

• **Le plus-que parfait et le discours rapporté**

Dans un discours rapporté introduit par un verbe au passé (passé composé, imparfait),
les passés composés deviennent des plus-que-parfait.

Il a dit : « Je n'ai pas compris. »

Il a dit qu'il n'avait **pas** compris.

---

67 Complétez au plus-que-parfait.

Exemple : Tu n'as pas encore fini ? Je pensais que tu avais déjà fini. *(finir)*

a. Elle parle couramment japonais ? Je ne savais pas qu'elle .... 6 ans au Japon. *(vivre)*

b. Il y avait une réunion à 10 h ? Je croyais qu'on l'.. . *(annuler)*

c. Ils sont toujours ensemble ? J'étais sûre qu'ils .... *(divorcer)*

d. Elle travaille encore ? Je croyais qu'elle .... sa retraite. *(prendre)*

e. Tu as encore ta vieille voiture ? On m'a dit que tu l'... . *(vendre)*

f. Vous habitez toujours à Paris ? Je croyais que vous .... en province. *(partir)*

g. La loi est déjà en vigueur ? Je pensais que les députés ne l'..................... pas encore .... *(voter)*

68 Mettez au discours rapporté. Faites les changements de temps nécessaires.

Questions à un futur colocataire.

Exemple : Est-ce que vous avez déjà vécu en colocation ?
→ Je lui ai demandé s'il avait déjà vécu en colocation.

a. Avez-vous réfléchi aux inconvénients de la colocation ?

→ Je lui ai demandé ....

b. Pourquoi avez -vous choisi ce mode de vie ?

→ ....

c. Qu'est-ce qui a été difficile à supporter ?

→ ....

d. Qu'est-ce qui vous a plu ?

→ ....

e. Comment avez-vous réparti les tâches ?

→ ....

f. Avez-vous établi des règles ?

→ ....

g. Avez-vous dû faire face à de gros problèmes ?

→ ....

h. Pourquoi avez-vous quitté vos colocataires ?

→ ....

69 Transformez au plus-que-parfait comme dans l'exemple.

Exemple : Il venait de m'offrir un magnifique cadeau.
→ Il m'avait offert un magnifique cadeau.

a. Je venais d'apprendre la nouvelle.

→ ....

b. Tu venais de découvrir son mensonge.

→ ....

c. Elle venait d'atteindre son but.

→ ....

d. On venait de parcourir 20 kilomètres.

→ ....

e. Nous venions d'obtenir le feu vert.

→ ....

f. Vous veniez de recevoir une promotion.

→ ....

g. Ils venaient de rejoindre leurs amis.

→ ....

Les verbes pronominaux

• Le plus-que parfait des verbes pronominaux ──────────────

Le plus-que-parfait des verbes pronominaux se forme, comme le passé composé, avec l'auxiliaire « être ».

L'accord des participes passés suit les même règles qu'au passé composé.

Ils se sont levés. – Ils s'étaient levés.
---

70 Mettez au plus-que-parfait.

Exemple : Tu t'es trompé. → Tu t'étais trompé.

a. Ils se sont disputés. → ....

b. On s'est vus. → ....

c. Nous nous sommes arrêtés. → ....

d. Vous vous êtes aidés. → ....

e. Elles se sont bien entendues. → ....

f. Ils se sont promenés. → ....

g. Nous nous sommes reconnus. → ....

h. On s'est rappelés. → ....

71 Mettez au plus-que-parfait.

Exemple : Elle se dépêche. → Elle s'était dépêchée.

a. Vous vous couchez. → ....

b. Ils se connaissent. → ....

c. Elle se demande. → ....

d. On se perd. → ....

e. Nous nous retrouvons. → ....

f. Vous vous plaignez. → ....

g. Elles se méfient. → ....

h. Ils se comprennent. → ....

72 Barrez ce qui ne convient pas.

Exemple : Ils s'étaient ~~moquées~~ / ~~moqué~~ / moqués de moi.

a. Nous nous étions *parlé / parlés / parlées* la veille.

b. Elles s'étaient *envoyé / envoyées / envoyés* des SMS deux jours avant.

c. Il s'était *plaint / plainte / plaints* au directeur.

d. Votre frère et vous, vous vous étiez souvent *téléphoné / téléphonés / téléphonées* ?

e. Sa belle-mère et elle s'étaient toujours bien *entendu / entendus / entendues*.

f. Ils ne s'étaient jamais *intéressés / intéressé / intéressées* à la politique.

g. Son mari et elle s'étaient *rencontrés / rencontré / rencontrées* au lycée.

h. Sa sœur et elle s'étaient beaucoup *occupé / occupées / occupés* de leurs parents.

73 Mettez les présents au plus-que parfait. Accordez les participes passés si nécessaire.

Exemple : Elles se lèvent. → Elles s'étaient levées.

a. Elles se lavent les cheveux. → ....

b. Ils se parlent. → ....

c. Elle se maquille. → ....

d. Elle se maquille les yeux. → ....

e. Ils se retrouvent. → ....

f. Elle se fait opérer. → ....

74 Mettez au plus-que-parfait puis reliez.

a. Elle est retournée dans son pays.

b. Ils ont payé des pénalités aux impôts.

c. Elle s'est énervée.

d. Ils se sont dépêchés pour ne pas rater leur vol.

e. Elle ne s'est pas rendue à son rendez-vous.

f. Elle a réussi son examen.

g. Ils se sont réveillés brusquement.

h. Ils ont finalement pris la parole.

1. Elle .... bien .... (s'y préparer).

2. Elle ne .... pas .... (s'en souvenir)

3. Ils .... en retard. (se réveiller)

4. Ils .... pendant trop longtemps. (se taire)

5. Elle ne s'était jamais habituée à son expatriation. (s'habituer)

6. Ils .... dans leurs calculs. (se tromper)

7. Elle ne .... jamais .... en colère contre moi. (se mettre)

8. Ils se sont demandé ce qui .... (se passer)

75 • Mettez dans l'ordre.

Exemple : au / Les / s' / pas / préparés / ne / étaient / suffisamment / contrôle. / élèves
→ Les élèves ne s'étaient pas suffisamment préparés au contrôle.

a. vous / -vous / en / d' / assis / Pourquoi / face / elle ? / étiez

→ ....

b. On / jamais / s' / ne / qu' / soirée. / était / autant / à / cette / amusés

→ ....

c. Pourquoi / pas / tôt ? / s' / communiqué / informations / ne / étaient / ils / les / plus

→ ....

d. s' / passé / Que / précédente ? / était- / nuit / il / la

→ ....

e. Quand / pour / dernière / rencontrés / vous / la / fois ? / vous / étiez-

→ ....

f. s' / Ils / au / regard. / plu / étaient / premier

→ ....

76 Remplacez les verbes au plus-que-parfait par leurs synonymes.
Attention à l'accord des participes passés.

s'exercer – s'en sortir –se passer – se rendre – se souvenir – se voir – se téléphoner

Exemple : Jusqu'à l'année dernière, elle avait vécu sans télévision.
→ Jusqu'à l'année dernière, elle s'était passée de télévision.

a. On s'était appelés la veille de son accident.

→ On .... la veille de son accident.

b. Les ministres étaient allés à Berlin avec le président.

→ Les ministres .... à Berlin avec le président.

c. Elles s'étaient rencontrées lors d'un séminaire.

→ Elles .... lors d'un séminaire.

d. Après l'épreuve de philosophie, il a dit à ses parents qu'il s'en était bien tiré.

→ Après l'épreuve de philosophie, il a dit à ses parents qu'il ....

e. Je croyais qu'elle ne s'était pas rappelé mon nom.

→ Je croyais qu'elle ne .... de mon nom.

f. Avant le concours de la meilleure pâtissière de France, elle s'était entraînée de longues semaines.

→ Avant le concours de la meilleure pâtissière de France, elle .... de longues semaines.

77 Mettez à l'imparfait, au passé composé ou au plus-que-parfait.

Discours d'une sœur au mariage de son frère.

Mon cher petit frère,

Pendant nos 25 ans de vie commune, nous nous sommes toujours bien entendus *(s'entendre)* **(a)**. Nous
.... *(avoir)* **(b)** les mêmes passions, nous .... *(s'intéresser)* **(c)**
aux mêmes choses, nous .... *(s'entraider)* **(d)** pour nos devoirs, nous ....
(se soutenir) **(e)** dans les moments difficiles, nous .... *(s'aimer)* **(f)** très fort. Si le matin
nous .... *(se disputer)* **(g)**, le soir même, nous .... déjà .... *(se
réconcilier)* **(h)**. Ta femme et moi, nous .... *(se connaître)* **(i)** depuis longtemps quand
tu l'.. *(voir)* **(j)** pour la première fois. Le hasard
.... *(faire)* **(k)** que nous .... *(s'ins-
crire)* **(l)** au même club d'équitation. Nous .... *(se
plaire)* **(m)** dès notre première rencontre. Nous ....
(s'apercevoir) **(n)** que nous.. *(avoir)* **(o)** les mêmes
centres d'intérêt. Après quelques années, vous ....
(se rencontrer) **(p)** chez moi. Je .... *(savoir)* **(q)**
que vous .... *(se ressembler)* **(r)**. Ce matin,
un peu grâce à moi, vous .... *(se marier)* **(s)** pour
le meilleur et pour le pire. Même si je .... *(s'y
préparer)* **(t)**, quand vous .... *(se dire)* **(u)**
« oui », j'.. *(ressentir)* **(v)** une grande émotion.

Vivent les mariés !

78 **Plus-que-parfait ou imparfait ? Barrez ce qui ne convient pas.**

Exemple : Il avait un très bon poste parce qu'il ~~se battait~~ / s'était battu pour l'obtenir.

a. Elle avait été très émue quand elle revoyait / avait revu sa maison d'enfance.

b. Chaque fois qu'elle lui parlait / avait parlé, elle s'était sentie mieux.

c. Tu m'as dit que tu avais commencé / commençais à parler à l'âge de 5 ans.

d. Il a confirmé qu'en ce moment il réfléchissait / avait réfléchi à son avenir.

e. Pourquoi a-t-il avoué un crime qu'il ne commettait pas / n'avait pas commis ?

f. Quand nous passions nos vacances chez nos grands-parents, nous nous couchions / nous étions couchés très tard.

g. Ils avaient un chien qui mordait / avait mordu plusieurs fois le facteur.

79 **Mettez au discours rapporté. Faites les changements de temps nécessaires.**

Exemple : Est-ce que c'est votre première expatriation en France ?
→ Je leur ai demandé si c'était leur première expatriation.

a. Vous êtes-vous facilement adaptés à ce changement de vie ?

→ Je leur ai demandé ....

b. Qu'est-ce qui vous a le plus étonné ?

→ ....

c. Vous avez déjà vécu dans d'autres pays ?

→ ....

d. Vous êtes-vous intéressés aux traditions de ce pays ?

→ ....

e. Vous êtes-vous bien entendus avec vos collègues ?

→ ....

f. Avez-vous facilement surmonté le barrage de la langue ?

→ ....

g. Qu'est-ce qui a été le plus bénéfique pour vos enfants ?

→ ....

80 **Complétez au plus-que-parfait, au passé composé ou à l'imparfait.**

Exemple : Cela faisait deux jours qu'il n'avait pas mangé. (faire/ne pas manger)

a. Comme nous ...., nous .... de place.
(ne pas réserver/ne pas avoir)

b. La comtesse .... à une famille qui .... la révolution.
(appartenir/fuir)

c. La maison dont elle ...., ... une fortune.
(hériter/valoir)

d. Souvent, il .... que son père lui .... de veiller sur sa mère.
(se rappeler/dire)

e. Tout .... dévasté comme si une bombe ....
(être/exploser)

f. Vous ………………………………… votre numéro si bien qu'on ………………………………………… vous joindre.
  (ne pas laisser/ne pas pouvoir)

g. Les rivières ………………………………… car il ………………………………… tout le mois précédent.
  (déborder/pleuvoir)

h. Il ………………………………… à présent réparer les erreurs qu'on ………………………………………… .
  (falloir/commettre)

81 **Mettez au passé composé ou au plus-que parfait. De qui s'agit-il ?**

  1. Charles de Gaulle – 2. Claude Monet – 3. Louis Pasteur – 4. Marie Curie – 5. Coco Chanel –
  6. Roland Garros – 7. François Mitterand – 8. Victor Hugo

Exemple : **Quand il a débuté** la série des Nymphéas, il **avait déjà peint** plusieurs autres séries.
(débuter/peindre) → (2)

a. Elle …………………… déjà ………………………………… le prix Nobel de physique en 1905. 6 ans plus tard,
  elle ………………………………… décerner celui de chimie. *(recevoir/se voir)* → (……)

b. Son roman *Les Misérables* ………………………………… en 1862. *Notre-Dame de Paris*
  déjà ………………………………… un grand succès en 1831. *(paraître/connaître)* → (……)

c. Son nom ………………………………… associé à son tailleur. La mode masculine lui
  en ………………………………… l'idée. *(rester/donner)* → (……)

d. En 1913, Il ………………………………… le premier à faire la traversée de la Méditerranée en avion.
  Blériot ………………………………… celle de la Manche deux ans avant. *(être/réussir)* → (……)

e. Il ………………………………… le droit de vote aux Françaises en 1944. En Angleterre, les femmes
  ………………………… déjà ………………………………… ce droit en 1918. *(octroyer/acquérir)* → (……)

f. Il ………………………………… au point un vaccin contre la rage en 1885. 20 ans avant,
  il ………………………… le moyen de détruire les bactéries dans les aliments. *(mettre/découvrir)* → (……)

g. Il …………………………………, en 1989, la Grande Arche de La Défense mais c'était
  Georges Pompidou qui en ………………………………… le projet. *(inaugurer/concevoir)* → (……)

82 **Mettez au passé composé, à l'imparfait ou au plus-que-parfait.**

Souvenirs

Le jour de mes 40 ans, j'ai voulu *(vouloir)* (**a**) revoir la maison où j'………………………… *(grandir)* (**b**). Mes parents
l'………………… *(vendre)* (**c**) quand ils ………………………… *(prendre)* (**d**) leur retraite. Mes frères et moi ……………… tous
……………… *(partir)* (**e**) et la maison ………………………… *(devenir)* (**f**) trop grande pour eux. Les nouveaux propriétaires
m'………………………… *(accueillir)* (**g**) chaleureusement et m'……………………… *(conduire)* (**h**) dans toutes les pièces.
Chacune ………………………… *(raviver)* (**i**) des souvenirs lointains et pourtant si proches. J'……………………… *(revoir)* (**j**) ma
chambre, le placard où nous ………………………… *(se cacher)* (**k**), le grenier où j'………………………… *(passer)* (**l**) tant d'heures
plongée dans mes lectures. J'……………………… *(parcourir)* (**m**) le jardin. Je ………………………… *(s'arrêter)* (**n**) devant le
rosier que mes parents ……………… ………………………… *(planter)* (**o**) et dont je n'……………………… pas ……………………… *(oublier)* (**p**)
le parfum si subtil. Cette visite m'………………………… *(enchanter)* (**q**).

Bilan 2

1. Mettez au passé composé, à l'imparfait ou au plus-que-parfait.

À la recherche du temps perdu

Au lycée, je .... (courir) (**a**) après le temps, je .... (vivre) (**b**) dans l'urgence, je .... (remettre) (**c**) toujours au lendemain ce qui me .... (déplaire) (**d**). Les devoirs que mes professeurs m'........................ (donner) (**e**) une semaine auparavant, je les .... (faire) (**f**) la veille. Un jour, je .... (se poser) (**g**) cette question : « Et si mes journées .... (être) (**h**) plus longues que je .... (penser) (**i**) ? » Alors, j'........................ (définir) (**j**) les priorités, j'........................ (réfléchir) (**k**) à quels moments de la journée je .... (se sentir) (**l**) le plus efficace, je .... (s'accorder) (**m**) des pauses, j'........................ (acquérir) (**n**) des règles de vie qui me .... (permettre) (**o**) de bien gérer mon temps.

Quand je .... (entrer) (**p**) à l'université, la lycéenne totalement désorganisée .... (devenir) (**q**) une étudiante méthodique et efficace. J'........................ (atteindre) (**r**) mon objectif : je .... (maîtriser) (**s**) mon temps, je ne le........................ (subir) (**t**) plus.

2. Mettez les verbes au passé.

Malin !

L'histoire .... (se passer) (**a**) à l'université au cours d'un examen. Un grand silence .... (régner) (**b**) dans la salle. Les étudiants .... (se concentrer) (**c**) sur leur copie. La fin de l'épreuve .... (arriver) (**d**), une sonnerie .... (retentir) (**e**). Le professeur chargé de la surveillance .... (recevoir) (**f**) la consigne de ne pas accepter les copies rendues après le temps réglementaire. Il .... donc .... (annoncer) (**g**) aux candidats que l'épreuve .... (être) (**h**) finie et qu'ils .... (devoir) (**i**) rendre leur copie immédiatement. Tous .... (obéir) (**j**) et l'........................ (remettre) (**k**) au professeur sauf un qui .... (se présenter) (**l**) en retard et qui n'........... pas encore .... (terminer) (**m**). 5 minutes après, il .... (s'approcher) (**n**) du bureau pour déposer sa feuille. Le professeur l'........... bien sûr .... (refuser) (**o**). Le retardataire lui .... alors .... (demander) (**p**) s'il .... (connaître) (**q**) son nom. Le professeur .... (répondre) (**r**) qu'il n'en .... (avoir) (**s**) aucune idée. L'étudiant .... alors .... (glisser) (**t**) sa copie dans la pile et .... (s'éloigner) (**u**) avec un grand sourire.

03 • Le futur antérieur de l'indicatif

Le futur simple (révision)

• Le futur antérieur de l'indicatif

Quand deux actions ont lieu dans le futur et que l'une est antérieure à l'autre, elle est au futur antérieur.

1. J'écrirai une lettre. 2. Je la posterai.

→ **Quand j'aurai écrit cette lettre, je la posterai.**

• Rappel du futur simple de l'indicatif

Quand il est régulier, le futur prend comme radical l'infinitif auquel on ajoute les terminaisons :
-ai, -as, -a, -ons, -ez, -ont (verbe « avoir »).

Pour les verbes en *-re*, on supprime le « e » de l'infinitif.

Parler → Je parlerai – Partir → Je partirai – Prendre → Je prendrai

Les verbes en *-oir* ont un futur simple irrégulier (*avoir, pouvoir, vouloir, savoir, devoir, falloir, valoir, voir, recevoir, s'apercevoir, s'asseoir*) ainsi que les verbes *être, aller, envoyer, venir, courir, cueillir, mourir, acquérir, faire* et pour certains verbes en *-er* la formation du futur simple entraîne des modifications orthographiques.

Je ne pourrai pas te téléphoner ce soir mais je t'appellerai demain.

---

83 **Proverbes et dictons. Soulignez les verbes au futur et donnez leur infinitif.**

Exemple : Qui trop patiente, n'<u>aura</u> que l'ombre. → avoir

a. Quand Mars bien mouillé sera, beaucoup de fruits tu cueilleras. → ....

b. Qui vivra verra. → ....

c. À force de mal aller, tout ira bien. → ....

d. S'il pleut à la Saint Aubin, il coulera bien trop de vin. → ....

e. Qui ne se corrige pas mourra sans honneur. → ....

f. S'il gèle à la Saint Gontran, le blé ne deviendra pas grand. → ....

g. Des fleurs qu'en mars on verra, peu de fruits se mangera. → ....

h. Rira bien qui rira le dernier. → ....

i. Un tiens vaut mieux que deux tu l'auras. → ....

84 **Barrez ce qui ne convient pas.**

Exemple : En 2030, ils *auront* / ~~*seront*~~ 30 ans.

a. On *aura* / *sera* en bonne santé.

b. *Il y aura* / *Il sera* beaucoup de spectateurs.

c. *J'aurai* / *Je serai* trop chaud avec ce pull.

d. Nous *aurons* / *serons* du mal à nous adapter.

e. Tu *auras* / *seras* envie de venir ?

f. Ils *auront* / *seront* mal à l'aise.

85 Complétez avec les verbes *être* ou *avoir* au futur simple.

Exemple : Ce sera l'hiver et nous aurons froid.

a. On .... une jolie maison et on .... heureux.

b. À 13 h, je .... de retour et j'.. faim.

c. – Est-ce que vous .... au rendez-vous ?

– Nous y ....

d. Dans 5 ans, tu .... 15 ans et tu .... adolescente.

e. Le restaurant .... sans doute plein et il n'y .... plus une seule table.

f. Vous .... la chance de la voir et vous .... charmé.

g. Ils .... libres et n'.. besoin de personne.

86 Mettez les verbes au futur simple puis reliez.

a. Quand tu arriveras (*arriver*),   **1.** on viendra te voir.

b. Quand tu .... (*aller*) au Japon,   **2.** on viendra te chercher.

c. Lorsque vous la .... (*regarder*),   **3.** quand vous l'appellerez.

d. Annick et Sam .... (*apporter*)   **4.** vous verrez qu'elle vous ressemble.

e. Vous lui .... (*demander*)   **5.** quand nous les verrons.

f. Je .... (*sonner*)   **6.** puis nous vous contacterons.

g. Nous les .... (*encourager*)   **7.** un grand gâteau que nous partagerons.

h. Ils .... votre dossier (*examiner*)   **8.** et j'espère qu'il m'ouvrira.

87 Mettez au futur simple et prononcez ce futur à haute voix.

Exemple : Ils se réconcilient. → Ils se réconcilieront.

a. On continue sans se décourager. → ....

b. Vous le remerciez de ma part. → ....

c. Tu appuies sur ce bouton. → ....

d. Nous modifions l'emploi du temps. → ....

e. Ça me tue ! → ....

f. Elle apprécie votre geste. → ....

g. Je paie / Je paye la facture. → ....

h. Tout le monde contribue. → ....

i. Tu étudies sérieusement. → ....

88 Mettez les verbes au présent de l'indicatif (*je*) puis au futur simple.

Exemple : Amener → j'amène   →   j'amènerai

a. Enlever → j'................................ → tu ....

b. Acheter → j'................................ → nous ....

c. Achever → j'................................ → ils ....

d. Appeler → j'................................ → vous ....

e. Emmener → j'................................ → il ....

f. Soulever → je .... → je ....

89 **Soulignez Les verbes qui ont deux « r » au futur.**

savoir – réussir – <u>acquérir</u> – pouvoir – découvrir – mettre – dire – mourir – voir – conclure – envoyer – se taire – courir – décevoir

90 **Complétez la phrase avec le verbe principal au futur simple.**

Exemple : Ils n'ont pas reçu la confirmation mais je suis certaine qu'ils la recevront.

a. Je ne l'ai pas convaincu mais je suis sûr que je le ....

b. Il ne s'en est pas aperçu mais il est certain qu'il s'en ....

c. Elle n'est pas revenue mais je crois qu'elle ....

d. Ils n'ont pas vu ce spectacle mais je pense qu'ils le ....

e. Vous n'avez pas encore acquis de l'expérience, mais vous en .... petit à petit.

f. Ce tableau ne vaut pas cher aujourd'hui mais, dans 20 ans, il .... une fortune.

91 **Mettez les verbes entre parenthèses au futur simple.**

Exemple : On ne maintiendra pas les mêmes horaires, on les modifiera. (maintenir/modifier)

a. Louise et Martha .... vous chercher et vous .... au château. (venir/emmener)

b. Il .... mieux le consulter car son avis .... lourd. (valoir/peser)

c. Tu m'............................... et je t'............................... une attestation. (appeler/envoyer)

d. Vous .... le ménage et vous .... le chien. (faire/promener)

e. On .... sa candidature et il .... des chances d'être pris. (appuyer/avoir)

f. Je .... raisonnable et je ne .... pas l'argent par les fenêtres. (être/jeter)

g. Quand vous .... si ça marche, vous .... nous le dire ? (savoir/pouvoir)

92 **Changez ces titres de journaux en phrases au futur simple.**

Exemple : Reprise de l'activité économique dans les mois à venir.
→ L'activité économique reprendra dans les mois à venir.

a. Construction d'un nouvel aéroport par la société Axla.

→ ....

b. Retraités : perte du pouvoir d'achat.

→ ....

c. Élection des représentants par les salariés de l'entreprise.

→ ....

d. Production d'un film sur le SIDA par le ministère de la Santé.

→ ....

e. À la mairie, lecture de poèmes par des comédiens.

→ ....

f. Augmentation du nombre des demandeurs d'emploi.

→ ....

g. Pluie dans le Nord et l'Est.

→ ....

93 **Complétez au futur simple avec les verbes entre parenthèses.**

Exemple : Je sais que tu ne me decevras pas. *(décevoir)*

a. Avec ce stage, tu .... une qualification. *(acquérir)*

b. Cela te .... de trouver un travail. *(permettre)*

c. Vous .... plus facilement vos clients. *(convaincre)*

d. Je .... en face de toi. *(s'asseoir)*

e. Ce tableau .... le triple dans deux ans. *(valoir)*

f. À gauche, vous .... le dôme des Invalides. *(apercevoir)*

g. Ils .... cette affaire dans deux jours. *(conclure)*

h. Quand il arrivera, vous .... *(se taire)*

• Formation du futur antérieur de l'indicatif

Le futur antérieur se forme sur le passé composé. Il suffit de changer le temps de l'auxiliaire et de le mettre au futur simple.

Ils ont compris. → **Ils** auront **compris.**
Nous sommes arrivés. → **Nous** serons **arrivés.**
Vous vous êtes réveillés. → **Vous vous** serez **réveillés.**

Les règles d'accord du participe passé sont les mêmes que pour le passé composé.

Elle se sera trompée.

Le futur antérieur des verbes *être*, *avoir* et en *-er*

94 **Soulignez l'action qui est antérieure à l'autre.**

Exemple : Tout ira mieux quand on se sera un peu reposés.

a. Quand elle y sera allée, elle pourra nous en parler.

b. Nous le saurons dès qu'elle aura envoyé le document.

c. Lorsque nous arriverons, ils auront déjà tout mangé.

d. On aura gagné et on sera millionaires.

e. Une fois qu'ils se seront entraînés, ils devront intégrer une équipe.

f. Tu continueras à réclamer tant que tu n'auras pas eu satisfaction ?

95 Reliez. (Plusieurs possibilités.)

a. Quand vous aurez téléchargé les documents,

b. Ils nous contacteront

c. Une fois qu'ils auront discuté avec la direction,

d. On retournera à la maison

e. Nous déjeunerons ensemble

f. Tu achèteras ton scooter

g. Quand on sera rentrés,

1. quand on aura récupéré la voiture.

2. on allumera un bon feu.

3. dès qu'ils auront eu les informations.

4. quand tu auras économisé assez d'argent.

5. ils nous donneront de nouvelles instructions.

6. une fois que nous serons passés à la boulangerie.

7. vous me les enverrez.

96 Changez le passé composé en futur antérieur.

Exemple : Il est allé. → Il sera allé.

a. Nous avons vérifié le prix. → ....

b. Ils ont refusé l'invitation. → ....

c. Vous avez approuvé. → ....

d. Je suis retourné là-bas. → ....

e. On a précisé certains points. → ....

f. Tu es resté 3 heures. → ....

97 Complétez avec *être* ou *avoir* pour former le futur antérieur.

Exemple : Les étudiants seront rentrés en cours.

a. Tu .... monté les bagages au 3e étage.

b. Elle .... rentrée chez elle.

c. Nous .... passés au garage.

d. J' .... promené le chien.

e. On .... admiré le spectacle.

f. Vous .... manifesté.

98 Posez des questions au futur antérieur.

Exemple : Quand / vous / rentrer de voyage → Quand serez-vous rentré(e)(s) de voyage ?

a. Quand / il / payer ses dettes → .... ?

b. Quand / tu / retrouver la paix → .... ?

c. Quand / ils / sélectionner les finalistes → .... ?

d. Quand / vous / régler vos problèmes → .... ?

e. Quand / nous / arriver à destination → .... ?

f. Quand / ils / approuver les comptes → .... ?

99 Complétez avec les verbes entre parenthèses au futur antérieur.

Exemple : On reparlera de tout cela lorsqu'on aura retrouvé notre calme. (retrouver)

a. Lorsqu'Élise .... de pleurer. (cesser)

b. Lorsque tes frères .... leurs regrets. (exprimer)

c. Lorsqu'on .... cette histoire. (dédramatiser)

d. Lorsque nous .... notre bonne volonté. *(montrer)*

e. Lorsque vous .... de dialoguer. *(accepter)*

f. Lorsque tu .... de faire de la provocation. *(arrêter)*

g. Lorsque tout .... dans l'ordre. *(rentrer)*

100 Mettez dans l'ordre.

Exemple : il / Quand / n' / habitera / plus / travail / ici. / du / trouvé / aura / il
→ Quand il aura trouvé du travail, il n'habitera plus ici.

a. heure. / Je / terminé / une / dans / aurai / n' / pas

→ ....

b. rentrés / Nous / 18 h. / jamais / ne / avant / serons

→ ....

c. aura / Cela / une / journée / été / merveilleuse.

→ ....

d. Il / rien / aura / n' / affaire. / cette / dans / gagné

→ ....

e. qu' / n' / oublié ! / J' / ils / espère / pas / auront

→ ....

f. eu / aura / y / un / sûrement / malentendu. / Il

→ ....

101 Complétez au futur simple ou au futur antérieur.

Réservation

– Dis-moi, quand est-ce qu'on réservera *(réserver)* (**a**) l'hôtel pour notre séjour en Grèce ?

– Quand on aura eu *(avoir)* (**b**) la confirmation de Tina et de George.

– Oui, mais d'ici là, les tarifs des billets d'avion .... *(augmenter)* (**c**) et je ne sais pas si j'.. *(avoir)* (**d**) assez d'argent.

– Je comprends mais tant qu'on n'................................ pas .... *(compléter)* (**e**) la liste des participants, il .... *(être)* (**f**) préférable d'attendre. Une fois que tout le monde .... *(approuver)* (**g**) les dates et .... *(déposer)* (**h**) des arrhes, on .... *(envoyer)* (**i**) une demande de réservation à l'hôtel.

Le futur antérieur des verbes en -ir, -re et -oir

102 / Reliez. (Plusieurs possibilités.)

a. Tant que je ne l'aurai pas vu,

b. Je resterai auprès de lui

c. Dès que vous aurez réuni la somme,

d. C'est incroyable !

e. Ils déménageront

f. Je vous téléphonerai

g. Tu t'achèteras un scooter

1. quand le bébé sera né.

2. quand tu auras vendu ta voiture.

3. dès qu'ils seront partis.

4. faites-nous signe !

5. je ne le croirai pas,

6. tant qu'il n'aura pas guéri.

7. On aura tout vu cette année !

103 / Mettez les verbes au passé composé puis au futur antérieur.

Exemple : Devenir → elle est devenue   →   elle sera devenue

a. Mentir → il ....   →   il ....

b. Courir → nous ....   →   nous ....

c. Ouvrir → vous ....   →   vous ....

d. Partir → ils ....   →   ils ....

e. Revenir → je ....   →   je ....

f. Tenir → tu ....   →   tu ....

104 / Barrez ce qui ne convient pas.

Exemple : Dès que ~~j'aurai~~ / je serai sortie de chez le coiffeur, je passerai te voir.

a. Quand il aura / sera monté sa propre entreprise, il pourra donner des conseils.

b. Dès qu'ils auront / seront descendus de la station, ils nous appelleront

c. Une fois que tu auras / seras passé ton bac, tu continueras tes études à Paris ?

d. Une fois qu'elle aura / sera retournée à l'université, elle louera un studio.

e. Quand vous aurez / serez passé par ces épreuves, vous serez plus indulgent.

f. Quand l'éditeur aura / sera sorti le livre, on fera une fête.

105 / Mettez les verbes soulignés au futur antérieur.

Sortie en famille

On ira tous au cinéma, mais avant Chloé doit finir (**a**) de préparer son exposé, Jules doit nourrir (**b**) le chat, votre père doit rentrer (**c**) du travail, Hector doit nettoyer (**d**) sa chambre, Clara doit revenir (**e**) de son cours de piano, mamie doit prendre (**f**) ses médicaments, je dois téléphoner (**g**) à ma sœur.

On ira tous au cinéma seulement quand Chloé aura fini de préparer son exposé, quand Jules ....

....

....

....

106 Mettez dans l'ordre.

Exemple : D' / tout / là, / ici / normal. / redevenu / sera
→ D'ici là, tout sera redevenu normal.

a. Il / vécu / cette / aura / maison. / heureux / dans

→ ....

b. aura / quartier / quand / bâtiments. / Ce / mieux / détruit / on / ces / sera

→ ....

c. ne / sera / ministre. / devenu / jamais / Il

→ ....

d. moi / quand / Appelle- / tu / toi. / parti / chez / seras / de

→ ....

e. je / vous / Tant / pas / que / vous / répèterai. / compris / n' / aurez / le

→ ....

f. feu / aurai / on / reçu / j' / Dès / le / que / vert, / commencera.

→ ....

107 Posez une question au futur antérieur.

Exemple : D'ici là...
vous / finir vos études → D'ici là, aurez-vous fini vos études ?

a. ils / recueillir assez d'informations → .... ?
b. elle / revenir de Chine. → .... ?
c. nous / élire nos représentants → .... ?
d. vous / traduire tout le texte → .... ?
e. tu / repeindre le salon → .... ?
f. il / obtenir des garanties → .... ?

108 Mettez les verbes entre parenthèses au futur simple ou au futur antérieur.

Exemple : Quand j'aurai lu ce livre, je te dirai ce que j'en pense. (lire/dire)

a. On .... les résultats quand on .... le décompte des votes. (connaître/finir)

b. Quand tu .... le sujet, tu m'........................ une synthèse. (approfondir/écrire)

c. Une fois qu'ils ...., ils .... les modifications nécessaires. (comprendre/faire)

d. Dès que la neige ...., on .... de la maison. (fondre/sortir)

e. Lorsque vous .... votre thèse, vous .... docteur ès lettres. (soutenir/devenir)

f. Quand nous .... un peu ...., nous .... (dormir/repartir)

109 Mettez au futur antérieur.

Exemple : On ne peut pas progresser tant qu'ils n'ont pas répondu à nos questions.
→ On ne pourra pas progresser tant qu'ils n'auront pas répondu à nos questions.

a. Tant que tu n'as pas vaincu ta timidité.

→ ....

b. Tant que vous n'avez pas approfondi le sujet.

→ ....

c. Tant qu'ils n'ont pas transmis ces éléments.

→ ....

d. Tant qu'on n'a pas découvert les raisons de ce blocage.

→ ....

e. Tant que nous n'avons pas fait quelques concessions.

→ ....

f. Tant que je n'ai pas résolu plusieurs problèmes.

→ ....

110 **Complétez au futur antérieur.**

Sombre avenir

Quand nous aurons épuisé *(épuiser)* (**a**) les sources d'énergie fossile, quand nous .... complètement .... *(détruire)* (**b**) la couche d'ozone, quand la moitié des espèces animales .... *(disparaître)* (**c**), quand les grands glaciers ....

(fondre) (**d**), quand la température .... *(monter)* (**e**) jusqu'à 50 degrés dans certaines régions qui .... *(devenir)* (**f**) inhabitables, quand des pays entiers .... *(sombrer)* (**g**) dans la pauvreté, quand de grandes migrations .... *(déséquilibrer)* (**h**) le monde, que se passera-t-il ?

Le futur antérieur des verbes pronominaux

111 **Complétez avec *être* et accordez les participes passés, si nécessaire.**

Exemple : Quand ils se seront rencontrés, ils sympathiseront.

a. Une fois que nous nous .... parlé......, la situation sera plus claire.

b. Quand elle se .... inscrit...... à ce club, elle fera de nouvelles connaissances.

c. Dès que l'orage se .... calmé......, on pourra sortir.

d. Nous verrons si nous pourrons collaborer quand nous nous .... vu...... .

e. Tu te sentiras mieux lorsque tu te .... adapté...... à ton nouvel environnement.

f. Madame, vous sortirez de l'hôpital quand vous vous .... rétabli...... .

112 **Mettez au passé composé puis au futur antérieur.**

Exemple : Elle se réveille. → Elle s'est réveillée.   →   Elle se sera réveillée.

a. On se renseigne. → ....   →   ....

b. Ils se consultent. → ....   →   ....

c. Elle s'aperçoit. → ....   →   ....

d. Nous nous comprenons. → .... → ....

e. Vous vous adaptez. → .... → ....

f. Je m'explique. → .... → ....

113 Complétez au futur antérieur.

C'est la vie !

Quand tu te seras remis (*se remettre*) (**a**) en question, quand tu .... (*s'interroger*) (**b**) sur ton style de vie, quand tu .... (*se rendre compte*) (**c**) qu'il y a plus malheureux que toi, quand tu .... (*reconnaître*) (**d**) que tu es privilégié, quand tu .... (*comprendre*) (**e**) que la vie n'est pas un long fleuve tranquille, cesseras-tu de te plaindre ?

114 Vouvoyez. Reprenez l'exercice précédent en passant de *tu* à *vous*.

Quand vous vous serez remis ....

....

....

....

....

115 Formez des phrases au futur simple et futur antérieur comme dans l'exemple.

Exemple : nous / s'entendre sur le prix / passer la commande
→ Une fois que nous nous serons entendus sur le prix, nous passerons la commande.

a. on / se mettre d'accord / réaliser notre projet

→ ....

b. il / s'habituer / être heureux de vivre ici

→ ....

c. elle / s'excuser / pouvoir réintégrer le groupe

→ ....

d. vous / se réconcilier / nous prévenir

→ ....

e. tu / s'installer / nous inviter ?

→ ....

f. ils / se reposer / nous rejoindre

→ ....

┌─ • Le futur antérieur pour exprimer une supposition ───────

Le futur antérieur peut être aussi utilisé pour exprimer une supposition.

Il ne s'est pas présenté chez le dentiste. Il aura oublié **son rendez-vous.** (= il a dû oublier.)

116 Trouvez des explications à un rendez-vous manqué en complétant avec les verbes entre parenthèses.

Exemple : Ils auront choisi un autre restaurant. (*choisir*)

a. Ils .... (*se perdre*)

b. Elle .... mal. (*se sentir*)

c. Ils .... (*s'endormir*)

d. Ils .... finalement .... de chez eux. (*ne pas sortir*)

e. Ils .... l'adresse. (*ne pas comprendre*)

f. Je les .... trop tard. (*prévenir*)

g. Ils .... notre message. (*ne pas entendre*)

117 Complétez au futur antérieur.

Rétrospectivement

Dans 10 ans, quand nous repenserons à cette époque on se dira qu'après tout, on aura fait (*faire*) (**a**) de notre mieux, qu'on .... (*s'investir*) (**b**) à fond dans ce projet, qu'on .... bien .... (*se battre*) (**c**), qu'on .... (*défendre*) (**d**) nos idées, que nos amis nous .... beaucoup .... (*aider*) (**e**). Bien sûr, parfois on .... (*tromper*) (**f**) mais on .... (*rebondir*) (**g**) et on .... aussi bien .... (*s'amuser*) (**h**).

Bilan 3

1. Mettez les verbes soulignés au futur antérieur et les autres verbes au futur simple.

Instruction

Tu pars du Boulevard Thiers et tu vas jusqu'au rond-point. Quand tu <u>as fait</u> une fois le tour du rond-point, tu vois une grande pharmacie. C'est cette rue qu'il faut prendre. Quand tu <u>as parcouru</u> 300 mètres environ, tu tournes à gauche et tu quittes la ville. Une fois que tu <u>es sorti</u> de la ville, tu peux suivre les panneaux « Beaune ». À un moment, il y a des indications pour trouver l'autoroute. Tu continues dans cette direction. Quand tu <u>as rejoint</u> l'autoroute, tu suis la direction « Beaune » et tu prends la 5e sortie. Dès que tu <u>es sorti</u> de l'autoroute, tu tournes à droite sur la nationale, tu fais encore 3 km et la maison est là. Tu me téléphones dès que tu <u>as quitté</u> l'autoroute, d'accord ?

....

....

....

....

....

....

....

....

2. **Racontez une journée au futur et au futur antérieur en insistant sur la chronologie des actions et en utilisant la liste proposée ci-dessous. (Vous pouvez utiliser des conjonctions de temps :** *quand, lorsque, dès que, après que,* **etc.).**

1. Se réveiller tôt.
2. Prendre le petit déjeuner.
3. Se doucher.
4. S'habiller.
5. Aller à la banque.
6. Déposer un chèque.
7. Passer au pressing.
8. Revenir chez moi.
9. Téléphoner à Angela.
10. Ranger quelques affaires.
11. S'installer devant l'ordinateur.
12. Faire des recherches sur Internet.
13. Travailler pendant deux heures.
14. Prendre un sandwich.
15. Sortir.
16. Se promener en faisant du lèche-vitrines.
17. Rentrer à la maison.
18. Consulter ma messagerie électronique.
19. Répondre aux messages.
20. Lire le journal.
21. Ressortir pour dîner avec des amis.

Je me réveillerai tôt. Dès que je me serai réveillé(e), je prendrai ....

....

....

....

....

....

....

....

....

....

....

....

....

....

....

....

....

....

....

....

....

04 • Le passé simple de l'indicatif

Les verbes *être* et *avoir*

• Le passé simple de l'indicatif

Pour former le passé simple des verbes en -*er*, on prend le radical du verbe, c'est-à-dire le verbe à l'infinitif sans la terminaison de l'infinitif, et on ajoute les terminaisons -*ai*, -*as*, -*a*, -*âmes*, -*âtes*, -*èrent*.

Arriver → **arriv** → **J'arrivai, tu arrivas, il arriva, nous arrivâmes, vous arrivâtes, ils arrivèrent.**

Le passé simple des verbes « être » et « avoir » sont irréguliers :
Être → **Je fus, tu fus, il fut, nous fûmes, vous fûtes, ils furent.**
Avoir → **J'eus, tu eus, il eut, nous eûmes, vous eûtes, ils eurent.**

Le passé simple est l'équivalent du passé composé, principalement dans les récits écrits, les biographies, les romans, les contes, mais aussi dans les discours officiels.

---

118 **Reliez. (Plusieurs possiblités.)**

a. On
b. Il
c. Nous
d. Je
e. Ils
f. Vous
g. Elle

1. eut affaire à un gangster.
2. fûtes attristés par son attitude ?
3. eut recours à un chirurgien.
4. eurent des doutes.
5. eûmes quelques satisfactions.
6. fus bouleversée.
7. furent unis comme des frères.

119 **Être ou *avoir* ? Barrez ce qui ne convient pas.**

Exemple : Jean Moulin ~~eut~~ / fut un héros national de la Résistance.

a. Il *eut* / *fut* beaucoup de mal à les persuader.

b. On *eut* / *fut* de la peine pour elle.

c. La nuit *eut* / *fut* agitée.

d. Le public *eut* / *fut* enthousiaste.

e. *J'eus* / *Je fus* transportée de joie.

f. Elle *eut* / *fut* l'Oscar de la meilleure actrice.

120 **Complétez avec un pronom. (Plusieurs possibilités.)**

Exemple : Nous fûmes honorés de sa présence.

a. .... eurent trois filles et un garçon.

b. .... fut charmé par sa beauté.

c. .... eus un rêve étrange.

d. .... fut très heureuse de le revoir.

e. .... y eut une foule extraordinaire.

f. .... eûtes un grand courage.

121 **Changez le passé composé en passé simple.**

Exemple : J'ai eu peur de faire fausse route. → J'eus peur de faire fausse route.

a. Elle a été ravie d'apprendre cette nouvelle. → ....

b. Nous avons eu hâte de rejoindre les autres. → ....

c. On n'a pas été surpris d'apprendre sa mort. → ....

d. Ils ont eu des démêlées avec la justice. → ....

e. Il a été directeur général de ce grand groupe. → ....

f. Elles ont été de grandes stars d'Hollywood. → ....

122 **Complétez avec les verbes *être* et *avoir* au passé simple.**

La fête fut **(a)** un succès incontestable : les visiteurs .... **(b)** enchantés, l'organisateur .... **(c)** ému car il .... **(d)** de nombreux compliments. Il y ....**(e)** des surprises. Les photographes .... **(f)** de la fête et les artistes .... **(g)** droit à de nombreux articles dans la presse. Bref, ce .... **(h)** une journée inoubliable.

Les verbes en *-er*

123 **Reliez. (Plusieurs possibilités.)**

a. Les gendarmes

b. Mademoiselle Sophie

c. Tout l'équipage

d. Nous

e. Personne

f. Les vents violents

g. Ce qui devait arriver

1. lutta contre la tempête.

2. n'osa protester.

3. arrachèrent la toiture.

4. arriva.

5. arrêtèrent le fugitif.

6. marchâmes à travers la ville déserte.

7. acheta une belle robe de soirée.

124 **Barrez ce qui ne convient pas.**

Exemple : On ~~inauguras~~ / inaugura la première ligne de métro en 1900.

a. C'est toi qui inventas / inventa cette expression amusante.

b. Monsieur Seguin attachas / attacha sa chèvre à un piquet.

c. Goscinny et Uderzo raconta / racontèrent les aventures d'Astérix et Obélix.

d. René Lacoste créas / créa son fameux crocodile en 1927.

e. Après la guerre, les Françaises adopta / adoptèrent la coupe de cheveux « à la garçonne ».

f. Pendant combien de temps est-ce que tu collaboras / collabora à cette revue ?

125 **Mettez au pluriel.**

Exemple : Il essaya de comprendre. → Ils essayèrent de comprendre.

a. Il décida d'oublier cette histoire. → ....

b. Elle alla se plaindre à son père. → ....

c. Il entra dans une colère folle. → ....

d. Il trouva la maison vide. → ....

e. Elle rentra à minuit. → ....

f. Il sauva le jeune homme. → ....

126 Mettez dans l'ordre.

Exemple : Il / personne / l' / à / manqua / appel. / ne
→ Il ne manqua personne à l'appel.

a. apprécièrent / n' / discours. / Ils / pas / ce

→ ....

b. ne / pas / Nous / minute / restâmes / de / une / plus.

→ ....

c. plus / participa / aucune / ne / compétition. / Il / à

→ ....

d. La / pas / à / Cour. / arriva / nouvelle / n' / la

→ ....

e. leur / ne / aucune / imposai / Je / contrainte.

→ ....

f. n' / On / plus / exposa / son / jamais / portrait.

→ ....

127 Complétez la terminaison des verbes au passé simple.

Exemple : Le juge rappela les principes de la loi.

a. J' achet.................................... un bateau.

b. Tu considér.................... l'affaire close.

c. Il rejet .... la proposition.

d. On accélér .... les réformes.

e. Nous appel............................. au secours.

f. J'interpel......................... le responsable.

128 Donnez l'infinitif du verbe puis mettez la phrase au passé simple. (Attention aux accents !)

Exemple : Les ouvriers achèvent les travaux.
→ achever → Les ouvriers achevèrent les travaux.

a. On libère les otages.

→ ....   → ....

b. Je préfère ne rien dire.

→ ....   → ....

c. Elle appelle au secours.

→ ....   → ....

d. Il adhère au parti.

→ ....   → ....

e. Des brigands sèment la terreur.

→ ....   → ....

f. Ils projettent de construire un temple.

→ ....   → ....

• Le passé simple des verbes en *-ger* et en *-cer*

Pour les verbes en *-ger* comme *changer*, on ajoute un « e » devant le « a » pour garder la prononciation [ʒ].

Nous changeâmes. – Ils changèrent.

Pour les verbes en *-cer* comme *commencer*, on met la cédille pour garder la prononciation [s].

Je prononçai. – Ils prononcèrent.

---

129 **Avec ou sans cédille (*c* ou *ç*) ? Complétez.**

Exemple : On remplaça les chevaux par des voitures.

a. Il commen.....................a à faire froid.

b. Ils pronon.....................èrent l'arrêt de mort.

c. Tu annon.....................as la grande nouvelle.

d. Les soldats for.....èrent l'ennemi à reculer.

e. J'avan.........................ai à petits pas.

f. Ils lui lan.....................èrent un défi.

130 **Complétez la terminaison des verbes au passé simple.**

Exemple : Il changea de vie et déménagea dans une autre ville.

a. Je partag......................... ses idées et engag......................... ma parole.

b. Tous exig......................... des garanties et ne chang......................... pas le contrat.

c. Nous arrang......................... une entrevue et échang......................... nos points de vue.

d. Ces mesures protég......................... les enfants et soulag......................... les parents.

e. Ce comportement dérang......................... le propriétaire qui l'oblig......................... à déménager.

f. Elle envisag......................... de le quitter puis chang......................... d'avis.

g. Il neig......................... beaucoup l'année où nous voyag......................... à travers l'Europe.

131 **Complétez au passé simple.**

Une sombre histoire

Des voisins le dénoncèrent (*dénoncer*) (**a**). Les proches de la victime .... (*exiger*) (**b**) un procès public. On le .... (*juger*) (**c**) et le .... (*forcer*) (**d**) à avouer son crime. On .... (*prononcer*) (**e**) sa condamnation à perpétuité. On le .... (*placer*) (**f**) en détention. Pendant des années, on le .... (*déplacer*) (**g**) de prison en prison. Et puis, un jour, on .... (*annoncer*) (**h**) sa mort et plus personne ne .... (*prononcer*) (**i**) son nom.

132 **Complétez au passé simple avec les verbes entre parenthèses.**

Exemple : Les Grecs d'Asie Mineure fondèrent Massala vers 600 avant J.-C. (*fonder*)

a. Jules César .... la ville en 49 avant J.-C. (*assiéger*)

b. Puis les Romains .... la ville comme faisant parie de l'Empire. (*déclarer*)

c. Pendant les Croisades, Marseille .... son activité commerciale. (*développer*)

d. Elle .... alors avec Gênes. (*rivaliser*)

e. On l'......................... à la France en 1481. (*annexer*)

f. Malheureusement, la peste .... la ville en 1720. (*ravager*)

g. L'expansion commerciale .... jusqu'à la Révolution. (*durer*)

h. Marseille .... les révolutionnaires qui .... le futur hymne national. (*encourager/chanter*)

133 **Changez le présent en passé simple puis lisez à voix haute les verbes au présent puis au passé simple.**

Exemple : Je clarifie la situation.
→ Je clarifiai la situation.

a. Il multiplie les mises en garde.

→ ....

b. Ils ne justifient pas leur comportement.

→ ....

c. Elle continue à travailler.

→ ....

d. Ils licencient une centaine de personnes.

→ ....

e. Ils négocient de nouveaux contrats.

→ ....

f. On effectue le recensement de la population.

→ ....

134 **Changez le passé composé en passé simple.**

Un cours mémorable

Pour la première fois, j'ai assisté à un cours magistral à la Sorbonne. Quand le professeur est entré dans l'amphithéâtre, il a échangé d'abord quelques mots avec un étudiant : il l'a interrogé sur ses récentes lectures. Puis il a commencé son cours dans un silence religieux et a parlé avec passion du poète dont il a analysé l'œuvre. Les étudiants ont écouté attentivement. À la fin, certains ont posé quelques questions.

Pour la première fois, j'assistai à un cours magistral à la Sorbonne ....

....

....

....

....

Les verbes en *-ir*, *-re* et *-oir*

• **Le passé simple des verbes en *-ir*, *-re* et *-oir***

Pour la majorité des verbes en *-ir* qui ont leur participe passé en « i », pour les verbes *ouvrir*, *couvrir*, *découvrir*, *offrir*, *souffrir*, mais aussi pour les verbes *voir*, *faire*, *suivre*, et enfin pour les verbes en *-dre* et *-tre*, on ajoute au radical les terminaisons *-is*, *-is*, *-it*, *-îmes*, *-îtes*, *-irent*.

Partir → **Je part**is**, tu part**is**, il part**it**, nous part**îmes**, vous part**îtes**, ils part**irent**.**
Faire → **Je f**is**, tu f**is**, il f**it**, nous f**îmes**, vous f**îtes**, ils f**irent**.**

 Pour les verbes en *-indre*, en *-uire* et le verbe *écrire* et ses dérivés, le passé simple se forme sur le radical du présent à la première personne du pluriel.

Nous éteignons**. → **J'éteignis**.**
Nous conduisons**. → **Je conduisis**.**
Nous écrivons**. → **J'écrivis**.**

Pour la majorité des verbes qui ont leur participe passé est en « u », les terminaisons sont : *-us*, *-us*, *-ut*, *-ûmes*, *-ûtes*, *-urent* (comme pour les auxiliaires « être » et « avoir »).

Vivre → **véc**u **→ Ils véc**urent **heureux.**
Recevoir → **reç**u **→ Il reç**ut **la Croix de guerre.**

 Exception ! Le verbe *mourir* → **Il mourut**.

Enfin, pour les verbes *venir* et *tenir* et leurs dérivés les terminaisons sont : *-ins*, *-ins*, *-int*, *-înmes*, *-întes*, *-inrent*.

Trois cavaliers vinrent **à nous.**

---

135 Donnez le participe passé des verbes et classez-les dans une des catégories.

	Participe passé	Passé simple en		
Exemple : Elle servit tous les invités. → Servi →		ⓘ	-u	-in
a. Il courut à perdre haleine. → .... →		-i	-u	-in
b. Ils finirent le repas en silence. → .... →		-i	-u	-in
c. Aucun ne revint de la guerre. → .... →		-i	-u	-in
d. Il mourut dans son sommeil. → .... →		-i	-u	-in
e. Ils fuirent les persécutions. → .... →		-i	-u	-in
f. Nous partîmes à l'aube. → .... →		-i	-u	-in

136 Reliez.

a. Quand elle revint au pays

b. Ils avertirent les autorités

c. Quand ils parvinrent à s'entendre,

d. Lorsqu'ils franchirent la frontière,

e. Heureusement, il guérit

f. Il accomplit des prodiges et

g. Dès qu'ils arrivèrent,

1. et sentit de nouveau la joie de vivre.

2. ils furent soulagés.

3. personne ne l'accueillit.

4. et réunirent le conseil municipal.

5. devint célèbre dans tout le royaume.

6. ils eurent peur d'être arrêtés.

7. tout le village accourut.

137 **Changez le passé simple en passé composé.**

Exemple : Ils m'offrirent un bouquet de 100 roses.
→ Ils m'ont offert un bouquet de 100 roses.

a. Un architecte agrandit la maison.

→ ....

b. Les enfants remplirent leurs poches de bonbons.

→ ....

c. Ils devinrent très riches.

→ ....

d. Les fiancés souffrirent de cette séparation.

→ ....

e. Le châtelain acquit deux hectares de terre.

→ ....

f. Nous découvrîmes cette île sauvage.

→ ....

138 **Conjuguez les verbes aux 3 personnes du singulier du présent de l'indicatif, puis cochez la case si la forme est la même au passé simple.**

Présent de l'indicatif	Passé simple
Exemple : Réussir → Je réussis, tu réussis, il réussit.	☒
a. Venir →	☐
b. Découvrir →	☐
c. Choisir →	☐
d. Courir →	☐
e. Mourir →	☐
f. Finir →	☐

139 **Complétez avec -i/-it ou -us/-ut.**

Exemple : À la naissance de sa fille, il ressentit une joie immense.

a. Sous le coup de cette émotion, je faill.. m'évanouir.

b. On accour.. pour la sauver.

c. Elle ne réuss.. pas à obtenir son diplôme.

d. Le commissaire recueill.. d'importantes informations.

e. Elle mour.. des suites d'une longue maladie.

f. Tout le monde applaud.. cet exploit.

140 **Complétez avec -int ou -inrent.**

Exemple : Peu d'entre eux revinrent de la guerre. (*revenir*)

a. Un petit nombre parv.. à survivre. (*parvenir*)

b. Cet écrivain dev.. un homme politique. (*devenir*)

c. Les cousins du gouverneur obt.. des privilèges. (*obtenir*)

d. Malheureusement, il ne t.. pas sa promesse. *(tenir)*

e. Quelques contretemps v.. contrarier leurs projets. *(venir)*

f. Les ministres t... conseil. *(tenir)*

g. Le roi interv.. en sa faveur. *(intervenir)*

141 Mettez dans l'ordre.

Exemple : n' / la / Il / présidentielle. / pas / obtint / grâce
→ Il n'obtint pas la grâce présidentielle.

a. dormirent / ne / œil. / que / un / Ils / d'

→ ....

b. parvint / ne / séduire. / le / jamais / Elle / à

→ ....

c. ne / Ils / deux / que / provinces. / conquirent

→ ....

d. obéirent / aux / du / pas / ordres / général. / n' / Ils

→ ....

e. Ce / les / impôt / paysans. / appauvrit / nouvel

→ ....

f. loups / rôder / Les / revinrent / plaine. / la / dans

→ ....

142 Complétez au passé simple.

L'Héritage

Quand le grand-père mourut *(mourir)* **(a)**, le notaire .... *(avertir)* **(b)** les héritiers.

Tous, sans exception, ... *(venir)* **(c)**. Le testament .... *(répartir)* **(d)**

les propriétés à parts égales et tous .... *(accueillir)* **(e)** la nouvelle avec soulagement.

Aucun ne .... *(ressentir)* **(f)** de la jalousie et tous ....

(redécouvrir) **(g)** les liens forts qui les unissaient.

143 Donnez le participe passé puis mettez au passé simple.

	Participe passé	Passé simple
Exemple : prendre (il)	→ pris	→ il prit
a. rire (tu)	→	→ ....
b. apparaître (elles)	→	→ ....
c. permettre (nous)	→	→ ....
d. connaître (vous)	→	→ ....
e. surprendre (il)	→	→ ....
f. promettre (elle)	→	→ ....
g. disparaître (ils)	→	→ ....

144 Complétez avec **-is**, **-it**, **-us** ou **-ut**.

Exemple : Il entendit.

a. J'attend...................................... .

b. Tu véc...................................... .

c. On plaign...................................... .

d. Elle compr...................................... .

e. On restreign...................................... .

f. Je dispar...................................... .

g. Il abatt...................................... .

h. Tu l...................................... .

145 Mettez les verbes à la première personne du singulier du présent de l'indicatif puis du passé simple. Soulignez le verbe qui est différent des autres.

Exemple : conduire – fuir – traduire – détruire
→ je conduis / je conduisis – <u>je fuis / je fuis</u> – je traduis / je traduisis – je détruis / détruisis

a. obtenir – soutenir – revenir – grandir

→ ....

b. naître – disparaître – reconnaître – apparaître

→ ....

c. pouvoir – voir – devoir – vouloir

→ ....

d. servir - sentir - dormir - courir

→ ....

146 Mettez au passé simple.

Exemple : Il nous conduit à la gare.
→ Il nous conduisit à la gare.

a. Je traduis le document en anglais.

→ ....

b. La tempête détruit tout sur son passage.

→ ....

c. On reconstruit les maisons endommagées.

→ ....

d. Ce fermier produit un excellent fromage.

→ ....

e. Son charme nous séduit.

→ ....

f. Nous réduisons notre consommation de sucre.

→ ....

147 Mettez les verbes entre parenthèses au passé simple.

Exemple : Nous attendîmes la fin de l'orage pour partir. (*attendre*)

a. Il ne .... pas à ma question. (*répondre*)

b. L'inspecteur .... le maximum de preuves. (*recueillir*)

c. La victime .... l'agresseur de façon très précise. (*décrire*)

d. Ils .... avec attention le contrat. *(relire)*

e. Nous .... notre nom sur la liste. *(inscrire)*

f. J'.. de classer ses papiers. *(entreprendre)*

g. Elle .... ne pas être au courant. *(prétendre)*

148 **Soulignez les verbes dont le passé simple ne se forme pas à partir du participe passé.**

voir – boire – croire – <u>décrire</u> – souffrir – dire – promettre – connaître – savoir – plaindre – faire – grossir – vivre – éteindre – avoir – être – battre

149 **Mettez au passé simple.**

Exemple : Il met du temps à répondre. → Il mit du temps à répondre.

a. Elle vend ses bijoux. → ....

b. Nous leur prenons des billets. → ....

c. Qu'est-ce que tu entends ? → ....

d. Ils éteignent les lumières. → ....

e. Elle reconnaît son erreur. → ....

f. Je comprends le problème. → ....

g. Elles ne savent pas quoi dire. → ....

h. Il confond les deux langues. → ....

150 **Mettez les verbes entre parenthèses au passé simple.**

Exemple : Ils partirent à 4 h du matin et atteignirent le sommet à midi. *(partir/atteindre)*

a. J'.................................... une heure le bus qui ne .... jamais. *(attendre/venir)*

b. Il .... 10 kg et en .... 15. *(perdre/reprendre)*

c. Elle .... plusieurs romans qui ne .... jamais. *(écrire/paraître)*

d. Je .... mes parents quand ils .... *(soutenir/vieillir)*

e. Que ....- tu quand tu .... les yeux ? *(voir/ouvrir)*

f. Quand elle .... à parler, il y .... un grand silence. *(commencer/avoir)*

g. On .... un vieil immeuble et on .... des maisons. *(détruire/construire)*

h. Je .... vers lui dès que je l'.................................... . *(courir/apercevoir)*

151 **Mettez au passé simple.**

Exemple : craindre (on) → on craignit

a. confondre (il) → ....

b. feindre (elles) → ....

c. suspendre (ils) → ....

d. plaindre (on) → ....

e. joindre (nous) → ....

f. étendre (tu) → ....

g. éteindre (on) → ....

152 Mettez au passé simple.

Exemple : Ils repeignent leur chambre. → Ils repeignirent leur chambre.

a. Il enfreint la loi. → ....

b. Elle prétend être la meilleure. → ....

c. Nous joignons une photo au formulaire. → ....

d. Ils ne résolvent pas le problème. → ....

e. La crise nous contraint à faire des efforts. → ....

f. On restreint les dépenses. → ....

g. Ils nous surprennent. → ....

153 Mettez au passé simple.

Une réforme contestée

En mai, les Français élurent *(élire)* (**a**) leur président qui .... *(choisir)* (**b**) son premier ministre. Le premier ministre .... *(recevoir)* (**c**) de nombreuses personnes pour former son gouvernement. Le ministre de l'Éducation .... *(lancer)* (**d**) une grande réforme du système éducatif. Il .... *(soumettre)* (**e**) aux députés et aux sénateurs le projet de loi. Ceux-ci .... *(débattre)* (**f**) pendant plusieurs semaines et finalement .... *(adopter)* (**g**) la loi. Les professeurs .... *(protester)* (**h**). Le ministre .... *(démissionner)* (**i**).

154 Transformez avec les antonymes au passé simple.

réussir – ralentir – ouvrir – atterrir – interdire – consentir à – finir – éteindre

Exemple : Ils accélérèrent le rythme. → Ils ralentirent le rythme.

a. J'allumai la télévision. → ....

b. Tu refusas de nous suivre. → ....

c. On commença la séance à midi. → ....

d. Il rata son examen. → ....

e. Mes parents me permirent de sortir. → ....

f. L'avion décolla avec une heure de retard. → ....

g. Ils fermèrent toutes les portes. → ....

155 Mettez les verbes au passé simple et reliez aux noms.

a. Il composa le Boléro. *(composer)*

b. Il .... le plafond de l'Opéra Garnier. *(peindre)*

c. Elle .... et .... *L'Hymne à l'amour.* (écrire/chanter)

d. Ils .... un ballon à air chaud. *(inventer)*

e. Elle .... le prix d'interprétation à Cannes en 2010. *(obtenir)*

f. Il .... la pyramide du Louvre. *(concevoir)*

g. Il .... l'initiateur du cubisme. *(être)*

h. Elle .... le prix Goncourt pour son roman *L'amant.* *(recevoir)*

1. Picasso.

2. Juliette Binoche.

3. Ming Pei.

4. Ravel.

5. Chagall.

6. Édith Piaf.

7. Les Frères Montgolfier.

8. Marguerite Duras.

156 Transformez le passé composé en passé simple et reliez.

a. Quand elle a atteint → atteignit l'âge de 50 ans,

b. Un jour, il a disparu

→ .... de notre vie.

c. Il a connu

→ .... une période sans argent.

d. Son patron lui a réduit

→ .... son salaire.

e. Le gouvernement a introduit

→ ....

de nouvelles règles de sécurité.

f. Ils n'ont pas attendu

→ .... la fin du film.

1. Elle s'est plainte

→ .... au syndicat.

2. Elle a écrit → écrivit ses mémoires.

3. Ils ont quitté

→ .... la salle.

4. Il a réapparu

→ .... 10 ans après.

5. Peu de gens les ont respectées

→ ....

6. Il a même dormi

→ .... dans la rue.

157 Mettez au passé simple.

Les prix Nobel

Alfred Nobel inventa *(inventer)* **(a)** la dynamite . Il .... *(créer)* **(b)** un prix récompensant chaque année cinq personnes ayant rendu de grands services à l'humanité.

Nelson Mandela .... *(obtenir)* **(c)** le Nobel de la paix en 1993 pour son action contre l'apartheid.

Robert Koch .... *(recevoir)* **(d)** celui de médecine en 1905 pour la découverte de la bactérie de la tuberculose.

En 1979, son dévouement auprès des pauvres .... *(valoir)* **(e)** à Mère Teresa le Prix Nobel de la paix.

En 1964, la fondation Nobel .... *(décerner)* **(f)** celui de littérature à Sartre qui le .... *(refuser)* **(g)**.

En 1957, On .... *(remettre)* **(h)** le Nobel de littérature à Camus pour l'ensemble de son œuvre.

158 Mettez au passé simple.

Le Comte de Monte-Cristo

Alexandre Dumas écrivit *(écrire)* **(a)** en 1844 son célèbre roman *Le Comte de Monte-Cristo*. Son personnage principal, Edmond Dantes, accusé à tort d'un complot, ... *(passer)* **(b)** 14 ans dans la prison de l'île du château d'If. Il .... *(parvenir)* **(c)** à communiquer avec son voisin de cellule, l'abbé Fariat, qui lui .... *(révéler)* **(d)** la cachette d'un trésor. Quand l'abbé .... *(mourir)* **(e)**, il .... *(prendre)* **(f)** sa place dans son cercueil et .... *(pouvoir)* **(g)** ainsi s'évader. Il .... *(découvrir)* **(h)** le trésor caché et .... *(devenir)* **(i)** très riche.

Il .... *(rechercher)* **(j)** alors ceux qui l'avaient mis en prison et il .... *(avoir)* **(k)** un seul but : la vengeance.

Les verbes pronominaux

159 Mettez au singulier.

Exemple : Ils se mirent en colère. → Il se mit en colère.

a. Elles se permirent de protester. → Elle ....

b. Ils s'habituèrent à cette situation. → Il ....

c. Elles se rétablirent rapidement. → Elle ....

d. Ils se conduisirent très mal. → Il ....

e. Nous nous défendîmes. → Je ....

f. Ils s'arrêtèrent brusquement. → Il ....

g. Nous nous méfiâmes de lui. → Je ....

160 Transformez au passé composé.

Exemple : Ils se débrouillèrent. → Ils se sont débrouillés.

a. Les cambrioleurs s'introduisirent dans la maison. → ....

b. On se réunit une fois par semaine. ....

c. Les négociations se poursuivirent jusqu'à minuit. ....

d. Nous nous associâmes. ....

e. Ils se firent aider. ....

f. La famille s'agrandit. ....

g. Nous nous disputâmes souvent. ....

h. Je ne me permis pas de la contredire. ....

161 Réécrivez au passé simple.

Exemple : Ils se sont connus au lycée. → Ils se connurent au lycée.

a. Nous nous sommes perdus de vue. → ....

b. Elle s'est intéressée à la politique. → ....

c. Ils se sont promis fidélité. → ....

d. Elles se sont découvert une passion commune. → ....

e. Tu es souvent venu à Paris. → ....

f. On s'est plaint du bruit. → ....

g. Je me suis obligé à me coucher tôt. → ....

162 Complétez avec les verbes entre parenthèses au passé simple.

Exemple : Je m'assis devant la télé et je m'endormis. (s'asseoir/s'endormir)

a. Ils .... et ils .... à rire. (se regarder/se mettre)

b. Nous .... et nous .... (se battre/gagner)

c. Les lumières .... et .... (s'éteindre/se rallumer)

d. Ils .... et .... les dossiers. *(s'associer/se répartir)*

e. Elle .... mal et .... *(se sentir/s'évanouir)*

f. Je .... à une formation et .... *(s'inscrire/se reconvertir)*

163 Mettez au passé simple et reliez.

a. Elle se trompe → Elle se trompa ———————

b. Elles se perdent → ....

c. Ils se rejoignent → ....

d. Qui s'occupe → ....

e. On s'abstient → ....

f. Je ne me souviens pas → ....

g. Les voleurs s'enfuient → ....

1. de tout commentaire.

2. de mon mot de passe.

3. à l'arrivée de la police.

4. au restaurant.

5. de salle.

6. dans leurs explications.

7. de ce dossier ?

164 Réécrivez au passé simple.

Exemple : Comment cette guerre a-t-elle fini ?
→ Comment cette guerre finit-elle ?

a. Quand cet événement s'est-il passé ?

→ ....

b. Comment se sont-ils enrichis ?

→ ....

c. Où la tempête s'est-elle abattue ?

→ ....

d. Pourquoi ne se sont-ils pas excusés ?

→ ....

e. Pourquoi ne s'est-il pas intéressé à notre projet ?

→ ....

f. À quelle heure se sont-ils présentés chez vous ?

→ ....

165 Complétez avec les verbes de la liste au passé simple.

rendre/se rendre – attendre/s'attendre – entendre/s'entendre – produire/se produire

Exemple : Cette année-là un évènement important se produisit.

a. Ils ne .... pas sur le prix de la maison.

b. Le ministre de l'Intérieur .... sur les lieux de la catastrophe.

c. Après deux ans de guerre, ils .... les armes.

d. J' .... avec impatience la fin de l'année.

e. On n' .... plus jamais parler de lui.

f. La vigne .... moins de raisins que l'année précédente.

g. Quand le feu s'approcha des maisons, tout le monde .... au pire.

166 Mettez le texte au passé simple ou à l'imparfait.

Une voiture emblématique

En 1937, Citroën eut *(avoir)* (**a**) l'idée de créer une voiture pour le monde rural. Elle .... *(devoir)* (**b**) être petite, légère avec une suspension très souple et peu chère. En 1940, Pierre Boulanger, le concepteur, ... *(présenter)* (**c**) la première 2 CV au salon de l'automobile. Elle .... *(avoir)* (**d**) un toit en toile, elle .... *(démarrer)* (**e**) avec une manivelle et n'.............................. *(avoir)* (**f**) qu'un phare. Elle .... *(séduire)* (**g**) tellement le public qu'il .... *(falloir)* (**h**) attendre plusieurs années pour en acquérir une. Entre 1948 et 1990, Citroën en .... *(vendre)* (**i**) plus de 5 millions. Au fil des années, elle .... *(connaître)* (**j**) de nombreuses transformations jusqu'à l'arrêt de la production en 1990. La 2 CV est maintenant une voiture de collection.

167 Mettez le texte au passé simple ou à l'imparfait.

Un lion nommé Christian

Deux jeunes Australiens, qui vivaient *(vivre)* (**a**) à Londres, achetèrent *(acheter)* (**b**) un lionceau et l'........................... *(installer)* (**c**) chez eux. Au début, tout .... *(se passer)* (**d**) bien. Mais un jour, ils .... *(se rendre)* (**e**) compte qu'il .... *(grandir)* (**f**). Il .... *(devenir)* (**g**) difficile de le garder dans leur appartement londonien et ils .... *(devoir)* (**h**) envisager de le rendre à la vie sauvage. Ils .... *(partir)* (**i**) donc pour le Kenya et le .... *(confier)* (**j**) au propriétaire d'une réserve. Le lion .... *(se faire)* (**k**) rapidement à sa nouvelle vie et .... *(apprendre)* (**l**) les lois de la nature. Un an après, les deux amis .... *(vouloir)* (**m**) le revoir. Arrivés sur place, ils .... *(entreprendre)* (**n**) de le retrouver. Après un jour de vaines recherches, ils .... *(apercevoir)* (**o**) un groupe de lions. À leur vue, l'un d'entre eux .... *(se lever)* (**p**), ... *(courir)* (**q**) vers eux et leur .... *(sauter)* (**r**) au cou. Il avait reconnu ses maîtres !

Bilan 4

1. Mettez les verbes au passé simple.

Un bal

Elle .... (*passer*) (a) tout le jour des fiançailles chez elle à se parer, pour se trouver le soir au bal et au festin royal qui se faisait au Louvre. Lorsqu'elle .... (*arriver*) (b), l'on .... (*admirer*) (c) sa beauté et sa parure; le bal .... (*commencer*) (d) et, comme elle dansait avec M. de Guise, il .... (*se faire*) (e) un assez grand bruit vers la porte de la salle, comme de quelqu'un qui entrait et à qui on faisait place. Mme de Clèves .... (*achever*) (f) de danser et, pendant qu'elle cherchait des yeux quelqu'un qu'elle avait dessein de prendre, le roi lui .... (*crier*) (g) de prendre celui qui arrivait. Elle .... (*se tourner*) (h) et .... (*voir*) (i) un homme qu'elle .... (*croire*) (j) d'abord ne pouvoir être que M. de Nemours, qui passait par-dessus quelques sièges pour arriver où l'on dansait. [...] M. de Nemours .... (*être*) (k) tellement surpris de sa beauté que, lorsqu'il .... (*être*) (l) proche d'elle, et qu'elle lui .... (*faire*) (m) la révérence, il ne .... (*pouvoir*) (n) s'empêcher de donner des marques de son admiration. Quand ils .... (*commencer*) (o) à danser, il .... (*s'élever*) (p) dans la salle un murmure de louanges. Le roi et les reines .... (*se souvenir*) (q) qu'ils ne s'étaient jamais vus, et .... (*trouver*) (r) quelque chose de singulier de les voir danser ensemble sans se connaître.

Madame de la Fayette, *La princesse de Clèves.*

2. Mettez les verbes à l'imparfait ou au passé simple.

Camille Claudel : du génie à la folie

Elle .... (*naître*) (a) en Champagne en 1864. Enfant, elle .... (*se passionner*) (b) déjà pour la sculpture. À 17 ans, elle .... (*se rendre*) (c) à Paris pour se former à cet art. Elle .... (*rencontrer*) (d) Rodin et .... (*suivre*) (e) ses cours. Sa forte personnalité et son talent le .... (*séduire*) (f) et très vite elle .... (*devenir*) (g) sa collaboratrice, son modèle, son amante et sa muse. Elle .... (*collaborer*) (h) entre autres à *La porte de l'enfer* et *Les Bourgeois de Calais*. Ses premières sculptures .... (*faire*) (i) l'objet de nombreuses critiques. On l'........................ (*accuser*) (j) de copier Rodin mais elle .... (*se battre*) (k) pour suivre son propre chemin artistique. Elle .... (*vouloir*) (l) être reconnue comme sculptrice et non comme élève de Rodin. Ils .... (*vivre*) (m) une histoire d'amour tumultueuse qui .... (*aboutir*) (n) à la rupture. Peu à peu, elle .... (*réussir*) (o) à s'affranchir de l'influence de Rodin. Ce .... (*être*) (p) à cette période qu'elle .... (*concevoir*) (q) ses œuvres majeures : *La valse, La châtelaine, L'âge mûr, L'implorante, Le buste de Rodin, Les causeuses.* Ses sculptures .... (*traiter*) (r) tous les thèmes de la vie : l'enfance, l'amour, l'abandon, la vieillesse. À partir de 1910, sa santé morale et physique .... (*se dégrader*) (s). Elle .... (*souffrir*) (t) de paranoïa. Elle .... (*penser*) (u) que Rodin .... (*vouloir*) (v) lui prendre ses œuvres. Elle en .... (*détruire*) (w) un grand nombre. En 1913, son frère Paul, un éminent poète dont elle était très proche, la .... (*faire*) (x) interner dans un asile psychiatrique. Elle y .... (*mourir*) (y) 30 ans après, en 1943.

05 • Le passé antérieur de l'indicatif

Les verbes *être*, *avoir* et verbes en *-er*

• Le passé antérieur de l'indicatif

Le passé antérieur est un temps qu'on utilise pour décrire une action antérieure à une autre action décrite au passé simple. Pour le former, il suffit de prendre le passé composé et de mettre l'auxiliaire *être* ou *avoir* au passé simple.

Il a compris. → **Il eut compris.** → **Quand il eut compris la gravité de la situation, il en informa ses parents.**
Elle est partie. → **Elle fut partie.** → **Une fois qu'elle fut partie, tout le monde se mit à parler.**

Le participe passé s'accorde comme au passé composé.

✋ Attention ! Ne confondez pas le passé antérieur avec l'imparfait du subjonctif qui a un accent circonflexe à la 3e personne du singulier.

Bien qu'il eût compris qu'il n'y avait aucun espoir…
Quoiqu'elle fût partie sans le consentement paternel…

L'imparfait du subjonctif est remplacé dans la langue actuelle par le passé du subjonctif.

---

168 **Transformez au passé composé.**

Exemple : Ils furent arrivés. → Ils sont arrivés.

a. Elle eut été. → ....

b. Nous eûmes préféré. → ....

c. Ils eurent eu. → ....

d. Vous eûtes aimé. → ....

e. Je fus allé. → ....

f. Tu fus resté. → ....

g. On eut parlé. → ....

169 **Reliez.**

a. Dès qu'ils eurent oublié l'incident,
b. Une fois qu'elle eut compté l'argent,
c. Quand ils furent montés au sommet de la tour,
d. Après qu'il eut prononcé son discours,
e. Lorsque j'eus vérifié la véracité des faits,
f. Quand nous eûmes rassemblé l'armée,
g. Après que vous fûtes arrivés,

1. ses partisans le félicitèrent.
2. nous allâmes sur les lieux des combats.
3. j'en informai mes compagnons.
4. on ferma les portes à double tour.
5. ils inspectèrent les alentours.
6. tous retrouvèrent leur calme.
7. elle fut rassurée.

170 **Complétez avec *être* ou *avoir* pour former le passé antérieur.**

Exemple : Quand il eut mangé…

a. Quand on .... créé cette institution…

b. Quand ils .... rentrés au château…

c. Quand elle .... tombée enceinte...

d. Quand l'enfant .... poussé son premier cri...

e. Quand nous .... expulsés de France...

f. Quand la cuisinière .... préparé le dîner...

g. Quand elle .... montée dans sa chambre...

171 Mettez au passé antérieur et au passé simple.

Exemple : Après avoir voyagé dans le monde entier, il est revenu dans son village.
→ Après qu'il eut voyagé dans le monde entier, il revint dans son village.

a. Après avoir publié son roman, il est devenu célèbre.

→ ....

b. Après être restée enfermée pendant des mois, elle a décidé de sortir.

→ ....

c. Après être rentrés au port, les marins ont retrouvé leur famille.

→ ....

d. Après avoir percé le mystère, nous nous sommes félicités.

→ ....

e. Après avoir longtemps cherché la paix, elle l'a trouvée dans ce couvent.

→ ....

f. Après avoir négocié, il a obtenu ce qu'il désirait.

→ ....

172 Mettez les verbes entre parenthèses au passé antérieur.

Exemple : Une fois qu'il eut dîné, il quitta la pièce sans un mot. (dîner)

a. Dès que la belle saison ...., ils partirent à la campagne. (arriver)

b. Après qu'elle .... ses hôtes, elle prit congé. (remercier)

c. Quand ils .... la boutique, un client arriva. (fermer)

d. Dès qu'il .... à son père, il gouverna avec sagesse. (succéder)

e. Après que j'... de continuer mes études, je me sentis confiante. (décider)

f. Quand on .... le couvre-feu, la population se révolta. (décréter)

173 Complétez au passé antérieur.

Une fugue

Quand on eut annoncé (annoncer) (**a**) à Augustin qu'il allait en pension, il resta muet. Après qu'il .... (passer) (**b**) trois jours sans parler et sans manger, que ses parents .... (essayer) (**c**) en vain de le raisonner, un soir, une fois qu'il .... (regagner) (**d**) sa chambre sans un mot, il décida de fuguer.

Après qu'il .... (monter) (**e**) sur le bord de la fenêtre et qu'il l'... (enjamber) (**f**), il glissa le long de la gouttière et s'enfuit. Il marcha tranquillement dans la nuit. Une fois qu'il .... (arriver) (**g**) dans le village voisin, il alla vers l'église.

Les verbes en *-ir*, *-re* et *-oir*

174 **Soulignez les verbes au passé antérieur.**

Exemple : Quand elle <u>eut passé</u> l'angle de la dernière maison, Cosette s'arrêta. *(Victor Hugo)*

a. La Cigale, ayant chanté / Tout l'été, / Se trouva fort dépourvue / Quand la bise fut venue.
   (Jean de La Fontaine)

b. En quatre mois, il eut dépensé ainsi presqu'un dixième de sa fortune. *(Marcel Aymé)*

c. Quand ils eurent fini de clore et de murer, / On mit l'aïeul au centre en une tour de pierre. *(Victor Hugo)*

d. Après que Jacques fut reparti, je me suis agenouillé près d'Amélie. *(André Gide)*

e. Il était mort au mois de mai dernier, à Tahiti où il vivait après qu'il nous eut quittés. *(François Mauriac)*

f. Lorsque tous les prétendants furent arrivés dans le salon, Sa Majesté ordonna qu'on les fît danser.
   (Voltaire)

175 **Barrez ce qui ne convient pas.**

Exemple : Une fois que la neige ~~eut~~ / fut tombée, les enfants sortirent de la maison.

a. Dès que l'enfant *eut / fut* né, on le confia à une nourrice.

b. Après qu'il *eut / fut* rejoint sa fiancée, ils partirent ensemble au bord de la mer.

c. Dès qu'ils *eurent / furent* revenus de voyage, ils allèrent visiter le Louvre.

d. Elle *n'eut / ne fut* pas fini sa phrase qu'il éclata d'un rire moqueur.

e. Une fois qu'il *eut / fut* passé trois mois avec elle, il commença à déchanter.

f. Sitôt qu'ils *eurent / furent* montés sur le paquebot, ils furent émerveillés.

176 **Mettez au passé composé puis au passé antérieur.**

Exemple : Vaincre → ils ont vaincu → ils eurent vaincu

a. Découvrir → elle .... → elle ....

b. Accueillir → nous .... → nous ....

c. Reconnaître → ils .... → ils ....

d. Promettre → j'.. → j'..

e. Revenir → il .... → il ....

f. Surprendre → on .... → on ....

177 **Mettez dans l'ordre.**

Exemple : plus / Il / lettre / la / son / que / cœur / joie. / lu / n' / eut / tôt / pas / de / bondit
→ Il n'eut pas plus tôt lu la lettre que son cœur bondit de joie.

a. Dès / échangé / regard / qu' / joie / les / ils / eurent / la / un / saisit.

→ ....

b. Une fois / qu'/ il / malade / tombé / fut / il / lit. / quitta / ne / son / plus

→ ....

c. elle / qu' / rompu / Après / eut / avec / famille / se / seule. / sa / elle / sentit

→ ....

d. Il / de / rire. / vite / fait / reconnaître / son / eut

→ ....

e. reçu / Dès / il / message / le / transmit. / le / eut / il / qu'

→ ....

f. ne / fut / elle / qu' / Tant / fut / inquiet. / pas / arrivée / il

→ ....

178 **Complétez au passé antérieur puis reliez.**

a. Une fois qu'ils eurent aboli les privilèges, ———————

b. Tant qu'on n'............................ pas obtenu satisfaction,

c. Dès qu'elle .... découvert le complot,

d. Quand nous .... entendu cette nouvelle,

e. Lorsque le maître .... parti à l'étranger,

f. Une fois que le roi l'............................ anobli.

1. ses serviteurs veillèrent sur le château.

2. on continua à lutter pour nos droits.

3. elle se confia à son mari.

4. le peuple voulut prendre le pouvoir.

5. nous fûmes bouleversés.

6. il fut respecté.

179 **Faites une seule phrase pour exprimer une antériorité, comme dans l'exemple.**

Exemple : On reçut les ordres / tout le monde obéit.
→ Après qu'on eut reçu les ordres, tout le monde obéit.

a. Je suivis les conseils / il n'y eut plus de problème.

→ Une fois que ....

b. On l'emprisonna / il s'évada.

→ Après qu'..

c. Elle perdit sa mère / elle se sentit abandonnée.

→ Lorsqu'...

d. L'orchestre joua les premières notes / elle fondit en larmes.

→ Sitôt que ....

e. Les premiers clients arrivèrent / on les installa à leur table.

→ Dès que ....

f. Antoine reconnut son erreur / l'atmosphère se détendit.

→ Une fois que ....

180 **Mettez les verbes entre parenthèses à la forme négative du passé antérieur.**

Exemple : Rien ne fut résolu...
tant qu'on n'eut pas admis nos erreurs. (admettre)

a. tant qu'il .... ses supérieurs. (convaincre)

b. tant qu'ils .... leurs souhaits. (formuler)

c. tant qu'elle .... un plan. (élaborer)

d. tant qu'ils .... sur leurs décisions. (revenir)

e. tant que personne .... position. (prendre)

f. tant que nous .... une stratégie claire. (définir)

181 **Complétez avec les verbes proposés au passé antérieur.**

déchiffrer – comprendre – sortir – arriver – partir – ouvrir

Dès qu'il eut déchiffré (**a**) le code secret et qu'il .... (**b**) que le coffre était enterré dans le jardin, il sut qu'il pouvait le trouver. Quand les gardes .... (**c**), il sortit sans bruit par une petite porte et courut dans le jardin. Une fois qu'il .... (**d**) près du grand chêne, il creusa de ses mains la terre humide. Très vite, il sentit sous ses doigts un objet en bois. Quand qu'il .... (**e**) le coffre et qu'il l'.. (**f**), ce qu'il vit le remplit de stupeur...

Les verbes pronominaux

182 **Complétez au passé antérieur en faisant, si besoin, l'accord du participe passé.**

Exemple : Quand la décision fut-elle prise ?
Lorsque les témoins se furent présentés.

a. Quand le coupable se .... dénoncé............ .

b. Quand les auditions se .... déroulé............ .

c. Après que le conseil se .... réuni............ .

d. Dès que les juges se .... mis............ d'accord.

e. Une fois que la foule se .... dispersé............ .

f. Quand l'atmosphère se .... détendu............ .

183 **Transformez au passé antérieur.**

Exemple : Ils se sont assis. → Ils se furent assis.

a. Elle s'est enfuie à l'étranger.

→ ....

b. Nous nous sommes engagés dans l'armée.

→ ....

c. Ils se sont joints à nous.

→ ....

d. Le feu s'est éteint.

→ ....

e. Elles se sont converties au catholicisme.

→ ....

f. Les commerçants se sont enrichis.

→ ....

184 **Mettez au passé composé puis au passé antérieur.**

Exemple : S'éloigner → il s'est éloigné → il se fut éloigné

a. Se soumettre → ils .... → ils ....

b. S'apercevoir → elle .... → elle ....

c. S'inscrire → nous .... → nous ....

d. S'asseoir → elle .... → elle ....

e. S'endormir → il .... → il ....

f. Se promettre → ils .... → ils ....

185 **Faites des phrases au passé antérieur comme dans l'exemple.**

Exemple : Tout ceci arriva quand…
le soleil / se coucher → le soleil se fut couché.

a. le vent / se lever → ....

b. l'océan / se déchaîner → ....

c. les habitants / se barricader → ....

d. la police / se déployer → ....

e. la rumeur/ se propager → ....

f. la terreur / s'installer → ....

186 **Complétez au passé simple et au passé antérieur avec les verbes entre parenthèses.**

Exemple : Nous reprîmes la route, une fois que nous nous fûmes reposés. *(reprendre/se reposer)*

a. Après que le général ...., il .... exécuter ses ordres. *(s'exprimer/falloir)*

b. Dès que la nouvelle ...., les villageois .... peur. *(se répandre/prendre)*

c. Sitôt que l'orage ...., on .... le chant des oiseaux. *(se calmer/entendre)*

d. Après qu'ils ...., ils .... *(s'expliquer/se reconcilier)*

e. Une fois qu'il .... que le coffre était vide, il .... dans une colère noire. *(s'apercevoir/entrer)*

f. Lorsque le ciel ...., je .... en route. *(s'éclaircir/se mettre)*

187 **Mettez les verbes au passé antérieur ou au passé simple.**

Autorité paternelle

Dès que le soleil se fut levé *(se lever)* (**a**) et qu'Héloïse .... *(se réveiller)* (**b**), elle .... *(se décider)* (**c**) à affronter son père. Une fois qu'elle .... *(se vêtir)* (**d**) de sa plus belle robe, elle .... *(se diriger)* (**e**) vers le bureau de son père d'un pas décidé. Dès qu'elle .... *(frapper)* (**f**) à la porte, une peur incontrôlable .... *(s'emparer)* (**g**) de son corps et elle .... *(se mettre)* (**h**) à trembler. Le père .... *(s'écrier)* (**i**) : « Entre ! » d'une voix forte.

Bilan 5

1. Complétez au passé simple ou au futur antérieur (verbes soulignés).

Un grand philanthrope

Albert Kahn .... (*naître*) (**a**) dans le Bas-Rhin en 1860 d'une famille modeste. Il .... (*commencer*) (**b**) à travailler très jeune. Après qu'il .... (*trouver*) (**c**) un emploi dans une banque à 19 ans, il .... (*décider*) (**d**) de reprendre des études et .... (*se lier*) (**e**) d'amitié avec le philosophe Henri Bergson qui .... (*devenir*) (**f**) son répétiteur. Une fois qu'il .... (*passer*) (**g**) le bac, il .... (*continuer*) (**h**) ses études et .... (*obtenir*) (**i**) une licence en droit. Il .... (*progresser*) (**j**) très rapidement dans sa carrière et .... (*devenir*) (**k**) l'un des plus grands financiers d'Europe.

Dès qu'il .... (*acquérir*) (**l**) une grande propriété à Boulogne-Billancourt, il y .... (*faire*) (**m**) construire sa maison et aménager un immense jardin, lieu de rencontre de l'intelligentsia internationale. Lorsqu'il .... (*décider*) (**n**) d'utiliser sa fortune dans un but philanthropique, il .... (*créer*) (**o**) des bourses pour des scientifiques et des étudiants. Le but était de les envoyer aux quatre coins du monde afin qu'ils fassent connaître, par leurs photos et leurs films, la diversité des cultures et, par ce biais, qu'ils œuvrent à une meilleure compréhension entre les peuples et donc à la paix. C'est ainsi qu'il .... (*constituer*) (**p**) une immense collection de photos et de films baptisée « Les archives de la planète » y incluant ses propres photos prises au cours de ses multiples voyages. Après qu'il .... (*perdre*) (**q**) toute sa fortune suite à la crise de 1929, ses biens .... (*être*) (**r**) vendus aux enchères. Il ne .... (*garder*) (**s**) que sa maison où il .... (*mourir*) (**t**) en 1940. Aujourd'hui, le musée Albert Kahn et son magnifique jardin à Boulogne-Billancourt sont ouverts au public.

2. Mettez au passé simple et au passé antérieur.

La fée

Il était une fois une veuve qui avait deux filles, l'aînée méchante comme sa mère, la cadette douce comme son père. Un jour la cadette .... (*aller*) (a) à la fontaine chercher de l'eau. Une vieille femme .... (*venir*) (b) à elle et lui .... (*demander*) (c) de l'eau à boire. La jeune fille aussitôt lui .... (*offrir*) (d) de l'eau de sa cruche. Quand elle .... (*finir*) (e) de boire, la vieille femme (en réalité une fée) la .... (*remercier*) (f) et .... (*disparaître*) (g). Dès que la jeune fille .... (*rentrer*) (h) chez elle, sa mère la .... (*gronder*) (i) de revenir si tard. « Pardonnez-moi ma mère », ... (*murmurer*) (j) la jeune fille. En disant ces mots, deux roses, deux perles et deux gros diamants lui .... (*sortir*) (k) de la bouche. La mère .... (*pousser*) (l) un cri. Une fois qu'elle .... (*se calmer*) (m), elle .... (*questionner*) (n) la jeune fille qui lui .... (*raconter*) (o) sa rencontre avec la vieille femme. La mère .... (*décider*) (p) alors d'envoyer son autre fille à la fontaine avec un beau flacon d'argent à la main. Elle ne .... pas plus tôt .... (*arriver*) (q) qu'elle .... (*voir*) (r) sortir du bois une belle dame magnifiquement vêtue (en réalité la fée) qui la .... (*prier*) (s) de lui donner à boire. La fille lui .... (*répondre*) (t) d'une manière peu aimable. Quand elle .... (*revenir*) (u) chez elle et qu'elle .... (*s'adresser*) (v) à sa mère, deux vipères et deux crapauds lui .... (*sortir*) (w) de la bouche.

D'après Charles Perrault

06 • L'impératif

Les verbes *être*, *avoir* et verbes en *-er*

• L'impératif (révision)

L'impératif se forme sur le présent de l'indicatif sans pronom sujet. Il n'a que trois personnes : *tu, nous, vous* → **parle – parlons – parlez.**

✋Attention! Pour les verbes en *-er* il n'y a pas de « s » à la deuxième personne du singulier → **marche !**
Si le verbe est suivi de « y » ou de « en », on garde le « s ».

Parles-en !
Va ! Vas-y !

Quelques verbes ont un impératif irrégulier :
être → **Sois ! – Soyons ! – Soyez !**
avoir → **Aie ! – Ayons ! – Ayez !**
savoir → **Sache ! – Sachons ! – Sachez !**
vouloir → **Veuille !** = s'il vous plaît.

À la forme négative, on ajoute « ne » avant le verbe et « pas » après.

Ne pleure pas !

---

188 Transformez à l'impératif.

Exemple : Tu dois être courageux. → Sois courageux !

a. Vous devez avoir de la patience. → ....

b. Nous ne devons pas oublier l'heure. → ....

c. Tu dois chercher une solution. → ....

d. Vous devez être honnête. → ....

e. Tu dois toujours avoir ta carte d'identité sur toi. → ....

f. Tu dois justifier ta réponse. → ....

g. Nous devons être généreux. → ....

h. Nous ne devons pas avoir peur. → ....

189 Barrez ce qui ne convient pas.

Exemple : *Essaie / ~~Essaies~~* cette robe ! *Mets / ~~Met~~*-la !

a. *Va / Vas* là-bas !

b. *Arrête / Arrêtes* de parler !

c. *Mange / Manges* des légumes !

d. *Pense / Penses* à moi !

e. *Mange / Manges*-en !

f. *Pense / Penses*-y !

g. Ne le *regarde / regardes* pas !

190 Changez *tu* en *vous*.

Exemple : Appelle les pompiers ! → Appelez les pompiers !

a. Ne jette pas tes vêtements par terre ! → ....

b. Emmène les enfants au parc ! → ....

c. Ne harcèle pas tes amis ! → ....

d. Achève ce que tu as commencé ! → ....

e. Espère de meilleurs jours ! → ....

f. N'exagère pas ! → ....

g. Protège ta peau ! → ....

191 Mettez à la première personne du pluriel.

Exemple : Changez de vie ! → Changeons de vie !

a. Rangez la classe ! → ....

b. Lancez le projet ! → ....

c. Exigez une facture ! → ....

d. Ne jugez pas les autres ! → ....

e. Bougez plus ! → ....

f. Avancez jusqu'au rond-point ! → ....

g. Ne dérangez pas vos voisins ! → ....

192 Reliez avec les phrases de même sens.

a. Aide-moi !

b. Écoutez ce que disent les autres !

c. N'ayons pas de regrets !

d. Ne cachez pas la vérité !

e. Réglons vite ce problème !

f. Coopérons !

g. N'attendons pas plus longtemps !

h. Gardez votre calme !

1. Ne soyez pas stressé !

2. Échangeons nos idées !

3. Sois sympa !

4. Soyons efficaces !

5. Arrêtez de parler tous en même temps !

6. Oublions le passé !

7. Soyez franc !

8. Commençons !

193 Expressions imagées. Mettez à la forme négative de l'impératif.

Exemple : Ne regarde pas dans l'assiette des autres ! *(tu/regarder)*

a. .... les cheveux en quatre ! *(vous/couper)*

b. .... midi à quatorze heures ! *(tu/chercher)*

c. .... autour du pot ! *(vous/tourner)*

d. .... le diable ! *(nous/tenter)*

e. .... la chandelle par les deux bouts ! *(tu/brûler)*

f. .... victoire ! *(nous/crier)*

g. .... de l'huile sur le feu ! *(vous/jeter)*

h. .... d'avis comme de chemise ! *(tu/changer)*

Les verbes en *-ir*, *-re* et *-oir*

194 Mettez les verbes à l'impératif. Où peut-on entendre ces phrases ? Reliez.

a. Veuillez ne pas bloquer les portes ! *(vouloir/vous)*

b. .... dire non à vos enfants ! *(savoir/vous)*

c. N'........................ pas peur ! *(avoir/vous)*

d. .... la jambe le plus haut possible ! *(lever/tu)*

e. .... la vérité ! *(dire/vous)*

f. .... avant de signer ! *(lire/vous)*

g. .... votre copie avant de la rendre ! *(revoir)*

h. .... vos portables ! *(éteindre)*

1. Chez le dentiste.

2. Dans la classe.

3. Chez le notaire.

4. Dans le métro.

5. Chez le psychologue.

6. Dans une salle de sport.

7. Au tribunal.

8. Au théâtre.

• L'impératif et les pronoms compléments

Si l'impératif est employé avec un pronom complément, le pronom se place <u>après le verbe à la forme affirmative</u> et est précédé d'un **trait d'union**.

Parle-lui !

 À la forme négative, le pronom se place <u>devant le verbe</u> et est précédé de « ne ».

Ne lui **parle** pas !

---

195 Complétez à l'impératif et ajoutez un pronom complément.

Exemple : Si vous l'aimez, → dites-lui ! *(dire)*

a. Si le professeur te pose une question, → .... ! *(répondre)*

b. Si tu croises ton voisin dans la rue, → .... ! *(saluer)*

c. Si tes collègues te font un cadeau, → .... ! *(remercier)*

d. Si vos amis viennent vous voir, → .... bien ! *(accueillir)*

e. Si vous avez des devoirs à faire, → .... ! *(faire)*

f. Si tes chaussures te font mal, → .... d'autres ! *(mettre)*

g. Si vous empruntez un livre, → .... ! *(rendre)*

h. Si ton ami est en danger, → .... ! *(secourir)*

196 Mettez dans l'ordre.

Exemple : jamais / tes / Ne / confie / lui / enfants !
→ Ne lui confie jamais tes enfants !

a. leur / parle / plus / Ne / en / jamais !

→ ....

b. que / vous / tort ! / Sachez / avez

→ ....

c. N' / fenêtre / par / ouvre / pas / la / froid ! / ce

→ ....

d. me / vous / Ne / que / dites / peur ! / pas / avez

→ ....

e. pas / tout / Ne / ce / qu' / crois / dit ! / te / on

→ ....

f. est / grave, / Ce / t' / fais / en / n' / pas ! / pas / ne

→ ....

197 Complétez avec l'impératif et un pronom complément.

Exemple : Tu dois prendre des cours. → Prends-en !

a. Tu dois écrire ce mail. → .... !

b. Vous devez aller aux urgences. → .... !

c. Tu ne dois pas jouer à ce jeu. → N'... !

d. Vous ne devez pas interrompre vos interlocuteurs. → Ne .... !

e. Vous devez faire du sport pour votre santé. → .... !

f. Tu n'as pas répondu à leur mail. → .... !

g. Tu dois nous prévenir. → .... !

h. Vous ne devez pas mentir à vos enfants. → Ne .... !

198 Répondez avec un impératif et remplacez les mots soulignés par un pronom.

Exemple : (envoyer) ce document au directeur → Envoyez-lui ce document !

a. (avertir) vos voisins → .... !

b. (convaincre) vos parents → .... !

c. (servir) l'apéritif à vos amis → .... !

d. (emporter) ces livres chez toi → .... !

e. (appuyer) tes doigts sur les touches → .... !

f. (obliger) nos enfants à faire du sport → .... !

g. (offrir) des fleurs à ta femme → .... !

h. (interdire) à vos enfants de crier → .... !

199 Complétez, comme dans l'exemple, à la forme négative.

Exemple : Pourquoi m'envoies-tu encore des SMS ? Ne m'en envoie plus !

a. Pourquoi rendez-vous encore visite à ces cousins ? .... !

b. Pourquoi mettez-vous encore ces vieilles chaussures ? .... !

c. Pourquoi permettez-vous encore à votre chien de dormir sur votre lit ? ....

.... !

d. Pourquoi soutiens-tu encore ce club ? .... !

e. Pourquoi défends-tu encore à tes enfants de sortir ? .... !

f. Pourquoi invitez-vous encore votre belle-mère ? .... !

200 Répondez aux questions. Mettez les verbes à l'impératif et remplacez les noms par un pronom.

Exemple : Dois-je répondre à cette lettre ? → Oui, réponds-y !

a. Devons-nous faire suivre le courrier ? → Oui, ... !

b. Puis-je convaincre mon manager ? → Oui, ... !

c. Pouvons-nous vous interrompre ? → Non, ... !

d. Puis-je faire confiance à mon banquier ? → Non, ... !

e. Devons-nous définir nos priorités ? → Oui, ... !

f. Devons-nous repeindre cette chambre ? → Non, ... !

g. Devez-vous mentir à votre avocat ? → Non, ... !

h. Devons-nous craindre le pire ? → Non, ... !

Les verbes pronominaux

• **L'impératif des verbes pronominaux**

Les pronoms réfléchis, qui précèdent le verbe au présent de l'indicatif, se placent <u>après le verbe</u> à l'impératif. « tu » devient « toi ».

Tu te lèves. → **Lève-toi !**
Levons-nous ! – Levez-vous !

À la forme négative, l'ordre est le même qu'au présent et « te » reste « te ».

Ne te lève pas ! – Ne nous levons pas ! – Ne vous levez pas !

 Attention ! « on » devient « nous ».

<u>On</u> **se dépêche.** → **Dépêchons-nous !**

---

201 Transformez à l'impératif.

Exemple : Tu te dépêches. → Dépêche-toi !

a. Vous vous demandez pourquoi. → .... !

b. On se met au travail. → .... !

c. Nous nous en occupons. → .... !

d. Tu te méfies de lui. → .... !

e. Vous ne leur faites pas confiance. → .... !

f. Tu te protèges du soleil. → .... !

g. Tu te fais couper les cheveux. → .... !

h. On se donne du mal. → .... !

202 Mettez à l'impératif *(vous)* et reliez le début et la fin des phrases.

a. Pour progresser en anglais,

b. Pour qu'on vous respecte,

c. Pour être efficace dans votre travail,

d. Pour ne pas acheter de livres,

e. Pour vivre longtemps,

f. Pour vivre heureux,

g. Pour courir un marathon,

1. .... ! *(se concentrer)*

2. .... aux autres ! *(ne pas se comparer)*

3. .... ! *(ne pas se dévaloriser)*

4. .... physiquement ! *(se préparer)*

5. Entraînez-vous ! *(s'entraîner)*

6. .... sainement ! *(se nourrir)*

7. .... à une bibliothèque ! *(s'incrire)*

203 Mettez les verbes de l'exercice précédent au singulier.

Exemple : Pour progresser en anglais, entraîne-toi !

a. → .... !

b. → .... !

c. → .... !

d. → .... !

e. → .... !

f. → .... !

204 Mettez les impératifs à la forme négative.

Exemple : Attends-toi au pire ! → Ne t'attends pas au pire !

a. Charge-toi de tout ! → Ne .... !

b. Embrassez-vous ! → Ne .... !

c. Réjouissons-nous de cette nouvelle ! → Ne .... !

d. Débarrasse-toi de tes vieux vêtements ! → Ne .... !

e. Étonnez-vous de ces résultats ! → Ne .... !

f. Engageons-nous dans cette aventure ! → Ne .... !

g. Inscris-toi à ce club ! → Ne .... !

h. Fais-toi du souci pour ton avenir ! → Ne .... !

205 Mettez à l'impératif et reliez aux verbes synonymes.

a. Ne t'inquiète pas ! *(ne pas s'inquiéter/tu)*

b. .... ! *(s'amuser/vous)*

c. .... ! *(se taire/vous)*

d. .... ! *(se souvenir/tu)*

e. .... ! *(se calmer/tu)*

f. .... ! *(ne pas s'endormir/tu)*

g. .... ! *(ne pas se disputer/nous)*

h. .... ! *(ne pas se tromper/nous)*

1. Réveille-toi !

2. Ne parlez plus !

3. Entendons-nous !

4. Ne vous ennuyez pas !

5. Ne t'en fais pas !

6. Rappelle-toi !

7. Ne t'énerve pas !

8. Ne faisons pas d'erreurs !

206 Complétez avec le verbe à l'impératif.

Exemple : Vous vous aimez ? Alors, mariez-vous ! *(se marier)*

a. Vous ne vous entendez plus ? Alors, ... ! *(se séparer)*

b. Vous vous occupez de beaucoup de choses ? Alors, ... ! *(s'organiser)*

c. Tu te prépares à un examen ? Alors, ... ! *(se concentrer)*

d. Tu te sens mal ? Alors, ... ! *(se soigner)*

e. Vous vous ennuyez ? Alors, ... ! *(se distraire)*

f. Tu te retrouves seul pour réparer la panne ? Alors, ... ! *(se débrouiller)*

207 Mettez à l'impératif et reliez aux verbes antonymes.

a. Ne vous découragez pas !

b. Ne vous éloignez pas !

c. Ne vous ennuyez pas !

d. Ne vous montrez pas !

e. Ne vous taisez pas !

f. Ne vous penchez pas !

g. Ne vous énervez pas !

1. .... ! *(se calmer)*

2. .... ! *(se redresser)*

3. .... ! *(s'exprimer)*

4. Motivez-vous ! *(se motiver)*

5. .... ! *(se rapprocher)*

6. .... ! *(se cacher)*

7. .... ! *(se distraire)*

208 Mettez l'exercice précédent à la deuxième personne du singulier.

Exemple : Ne te décourage pas ! Motive-toi !

a. → ....

b. → ....

c. → ....

d. → ....

e. → ....

f. → ....

209 Complétez ce dialogue avec les verbes proposés à l'impératif.

espérer – ne pas s'occuper – se lever – se réveiller – laisser – éteindre – se taire –
se mettre – ne pas s'inquiéter – se coucher – arrêter – savoir

– Réveille-toi **(a)** ! Il est 8 h, ton cours commence à 8 h 30.

– .... **(b)**-moi dormir, je suis fatigué.

– .... **(c)** plus tôt ! .... **(d)** de jouer sur ton

smartphone jusqu'à 2 h du matin. .... **(e)**-le à minuit !

– .... **(f)** de mes horaires !

– .... **(g)** ! .... **(h)**

et .... **(i)** au travail ! Le bac est dans une semaine.

– .... **(j)**, ... **(k)**

que 90 % le réussissent.

– .... **(l)** que tu ne feras pas partie des 10 %

qui échouent !

Bilan 6

1. Mettez les verbes à l'impératif et complétez avec des pronoms personnels si nécessaire.

Ne dites pas aux ados...

Exemple : Ce n'est pas une chambre, c'est un bazar ! Range-la *(ranger)* !

a. .... *(répondre)* quand je te pose une question !

b. Ne .... *(parler)* pas sur ce ton !

c. .... *(ramasser)* ton linge sale et .... *(mettre)* dans le panier à linge sale !

d. .... *(se nourrir)* d'autre chose que de chips !

e. .... *(se coiffer)* ! .... *(se brosser)* les dents !

f. .... *(prendre)* modèle sur ta sœur !

g. .... *(se souvenir)* que tu n'es pas chez toi !

h. .... *(jeter)* ces jeans qui ont plus de trous que de tissu !

i. Ne .... *(confondre)* pas bureau et poubelle !

mais...

frappez *(frapper)* à la porte avant d'entrer dans sa chambre.

j. .... *(imposer)* des règles claires !

k. .... *(définir)* ce qui est négociable !

l. .... *(mettre)* des limites !

m. .... *(savoir)* lui dire non !

n. .... *(se mettre)* d'accord sur les horaires !

o. .... *(s'intéresser)* à ses activités et .... *(partager)*, si possible... !

2. Complétez avec les verbes proposés à l'impératif.

avoir – être – réfléchir – s'abstenir – se renseigner – s'attendre – savoir – convaincre – négliger

Conseils pour un entretien d'embauche

Exemple : Dès que vous avez la date de l'entretien, réfléchissez à ce que vous allez dire !

a. .... sur l'entreprise !

b. .... à des questions pièges !

c. .... à l'heure le jour J !

d. Ne .... pas votre tenue vestimentaire !

e. .... vous présenter à votre avantage !

f. .... de dire du mal de votre ancien employeur !

g. N' .... pas peur d'aborder la question de la rémunération !

h. .... votre interlocuteur que vous êtes celui qu'il recherche !

• Le conditionnel présent

On forme le conditionnel présent avec le radical du futur auquel on ajoute les terminaisons de l'imparfait.

Je parlerais, **tu parler**ais, **il parler**ait, **on parler**ait, **nous parler**ions, **vous parler**iez, **ils parler**aient.

Attention ! « Être » et « avoir » sont irréguliers.

Je serais. – **J'**aurais.

Utilisation du conditionnel

On utilise le conditionnel pour exprimer :
– une demande polie : **Je voudrais un café.**
– une affirmation non confirmée : **La police** connaîtrait **le coupable.**
– une hypothèse : **Si j'avais du temps, je** ferais **plus de sport.**
– un conseil : **Vous** devriez **vous reposer.**
– un rêve : **Je** vivrais **sur une île magnifique.**

Dans le discours indirect, il remplace un futur si le verbe introducteur est au passé.

Il dit qu'il <u>sera</u> **en retard.**

Il a dit qu'il serait **en retard.**

L'expression « au cas où » est toujours suivie du conditionnel.

<u>Au cas où</u> tu serais **absent, préviens-moi !**

---

210 Transformez le futur en conditionnel présent.

Exemple : Tu auras raison. → Tu aurais raison.

a. Il sera heureux. → ....

b. Vous aurez honte. → ....

c. Les clients seront nombreux. → ....

d. Je serai à l'heure. → ....

e. Ils auront de la chance. → ....

f. Nous serons riches. → ....

g. Tu seras fier de moi. → ....

h. On aura du travail. → ....

211 Complétez avec *être* ou *avoir* au conditionnel.

Exemple : Il aurait 20 ans aujourd'hui.

a. De quoi ....-tu besoin ?

b. Il .... envie d'un café.

c. On .... l'habitude.

d. Je .... habitué.

e. Vous .... l'air d'un clown.

f. Ils .... d'accord.

g. Nous .... mal.

h. Elles .... peur.

212 Complétez avec un pronom (plusieurs possibilités) puis prononcez à haute voix.

Exemple : Il / Elle /on gérerait mieux la crise.

a. .... continueriez à protester ?

b. .... copieraient le texte.

c. .... assurerais la permanence.

d. .... contacterions le responsable.

e. .... échouerais au bac.

f. .... créerait un nouveau poste.

g. .... confierais tes enfants à n'importe qui ?

h. .... collaboreriez à ce projet ?

213 Mettez les verbes à l'infinitif puis au conditionnel présent.

Exemple : Tu aimes. → Aimer → Tu aimerais.

a. Je joue → .... → Je ....

b. On regarde. → .... → On ....

c. Nous voyageons. → .... → Nous ....

d. Ils étudient. → .... → Ils ....

e. Vous criez. → .... → Vous ....

f. Je commence. → .... → Je ....

g. Elle négocie. → .... → Elle ....

h. Tu oublies. → .... → Tu ....

214 Mettez les phrases au conditionnel présent.

Exemple : Tu me prêtais ta voiture.
→ Tu me prêterais ta voiture.

a. Elle aimait aller au cinéma.

→ Elle ....

b. Ils avaient trop d'ambition.

→ Ils ....

c. Nous acceptions toutes leurs propositions.

→ Nous ....

d. Vous contribuiez à la bonne ambiance dans la classe.

→ Vous ....

e. Ça coûtait très cher.

→ Ça ....

f. On passait nos vacances à la mer.

→ On ....

g. Je téléphonais chaque soir à ma mère.

→ Je ....

h. Il pensait être le meilleur.

→ Il ....

• Le conditionnel présent de certains verbes en *-er*

✋ Pour les verbes se terminant par « uyer » et « oyer » (à l'exception de « envoyer »), le « y » est remplacé par « i ».
Employer → **J'emplo**i**erais.**

Les verbes en « ayer » peuvent se conjuguer avec « i » ou « y ».

Payer → **Je pa**i**erais / Je pa**y**erais.**

Les verbes *appeler, épeler, jeter* (et leur famille) doublent le « l » et le « t ».
J'appell**erais. – J'épe**ll**erais. – Je je**tt**erais.**

Pour les verbes avec un « e » dans l'avant-dernière syllabe de l'infinitif, le « e » devient « è ».
Acheter → **J'ach**è**terais.**

Envoyer et *aller* sont irréguliers.
J'enverrais. – J'irais.

---

215 **Mettez les verbes au présent puis au conditionnel présent.**

Exemple : Appeler la police. (je) → J'appelle... → J'appellerais...

a. Épeler ce mot. (tu) → .... → ....

b. Amener les enfants. (il) → .... → ....

c. Enlever ses chaussures. (elle) → .... → ....

d. Lever le bras. (il) → .... → ....

e. Jeter les choses inutiles. (on) → .... → ....

f. Acheter en ligne. (tu) → .... → ....

g. Geler. (on) → .... → ....

216 **Transformez les phrases au conditionnel présent.**

Exemple : J'enlève mon manteau.
→ J'enlèverais mon manteau.

a. Je mène une vie agréable.

→ ....

b. Il emploie des saisonniers.

→ ....

c. Je ne m'ennuie jamais.

→ ....

d. Il envoie beaucoup de SMS à sa petite amie.

→ ....

e. Comment épelez-vous votre nom ?

→ ....

f. Ils rejettent notre proposition.

→ ....

g. Nous achetons une maison à la campagne.

→ ....

h. Tout le monde envie notre façon de vivre.

→ ....

217 **Complétez avec les verbes de la liste au conditionnel présent. (Plusieurs possibilités.)**

ennuyer – essayer – essuyer – nettoyer – employer – payer – appuyer – rayer

Exemple : Si j'étais à ta place...

je ne paierais / payerais jamais par chèque.

a. je .... la maison plus souvent.

b. j'.. des produits ménagers écologiques.

c. je n'.. pas sur cette touche.

d. j'.. de mieux m'organiser.

e. j'.. les traces de doigt sur mon écran.

f. je n'.. pas mes amies avec mes problèmes.

g. je .... son nom de la liste.

218 **Complétez au conditionnel présent.**

Exemple : Tu crierais au secours ?

a. Je ne paie.. pas cette facture.

b. Qu'est-ce que ce mot signifier.. pour toi ?

c. Comment vous l'appel.. ?

d. Pourquoi est-ce qu'on ne leur suggér.. pas ?

e. Qu'est-ce qui justifier.. cette décision ?

f. Est-ce qu'ils nier.. l'évidence ?

g. On étudier.. mieux.

h. Vous emploi.. n'importe qui ?

219 Mettez au conditionnel présent puis reliez. (Plusieurs possibilités.)

a. Avec de l'organisation,

b. Avec une vie plus active,

c. Avec de l'imagination,

d. Avec un meilleur budget,

e. Avec plus d'empathie,

f. Avec plus de temps,

g. Avec de la persévérance,

h. Avec de la patience,

1. il ne .... pas. (*s'ennuyer*)

2. je ne serais jamais débordée. (*être*)

3. ils .... de nouveaux jeux. (*créer*)

4. on .... plus de personnel. (*employer*)

5. tu .... ta formation. (*continuer*)

6. vous .... plus d'amis. (*avoir*)

7. nous .... plus souvent nos parents. (*appeler*)

8. j'.. à faire ce puzzle de 1 000 pièces. (*arriver*)

220 Changez le *tu* en *vous*.

Exemple : Tu le remercierais.
→ Vous le remercieriez.

a. Que préférerais-tu ?

→ ....

b. Tu aurais le temps de venir me chercher à l'aéroport ?

→ ....

c. Tu le rappellerais quand ?

→ ....

d. Est-ce que tu renoncerais à ta carrière ?

→ ....

e. Tu rejetterais leur proposition ?

→ ....

f. Tu céderais à ce chantage ?

→ ....

g. Pourquoi est-ce que tu n'irais pas voir tes grands-parents ?

→ ....

h. Tu lui enverrais un cadeau ?

→ ....

221 Complétez avec les verbes de la liste au conditionnel présent (deux possibilités).

égayer – effrayer – payer – relayer – balayer – bégayer – essayer

Exemple : Tu paierais / payerais combien pour acquérir ce tableau ?

a. À votre place, j'.. / .... de reprendre contact avec ma famille.

b. Cela ne m'.. / .... pas de passer une nuit seule en forêt.

c. Plus de couleurs .... / .... votre appartement.

d. Ils .... / .... leur sœur pour s'occuper de leurs parents.

e. Avec l'aide d'un orthophoniste, il .... / .... moins.

f. Ensemble, on .... / .... tous les obstacles.

222 Mettez dans l'ordre.

Exemple : Il / de / prudent / pas / serait / ne / prendre / voiture. / la
→ Il serait prudent de ne pas prendre la voiture.

a. pas / le / de / Vous / m' / temps / auriez / aider ? / n'

→ ....

b. lui / Je / plus / préférerais / dire / tard.

→ ....

c. vous / si / la / ouvrais / ennuierait / j' / fenêtre ? / Cela

→ ....

d. À / ces / je / place, / chaussures. / jetterais / ta / vieilles

→ ....

e. un / Nous / jour. / venir / préférerions / autre

→ ....

f. À / qui / le / vous / attribueriez- / premier / prix ?

→ ....

223 Complétez comme dans l'exemple.

Exemple : S'ils avaient un bon salaire, ils achèteraient un appartement. (acheter)

a. Si j'étais à ta place, j'.. de le contacter. (essayer)

b. Si l'économie allait mieux, le PDG ne .... pas les salaires. (geler)

c. S'ils protégeaient moins leur fille, ils l'................................. faire ses études à l'étranger. (envoyer)

d. Si tu te souciais plus de ton avenir, tu .... moins l'argent par la fenêtre. (jeter)

e. Si vous acheviez ce que vous avez entrepris, vous .... de meilleurs résultats. (avoir)

f. Si nous essayions de régler ce contentieux, ça nous .... d'un grand poids. (libérer)

g. Si elle rejetait cette mission, on ne lui en .... pas d'autre. (confier)

224 Posez des questions formelles au conditionnel présent.

Exemple : Il va comment à Lyon ?
→ Comment irait-il à Lyon ?

a. Vous emmenez à quelle heure les enfants à l'école ?

→ ....

b. Est-ce que cela vous ennuie de changer la date du rendez-vous ?

→ ....

c. Qu'est-ce que vous désirez prendre comme boisson ?

→ ....

d. Pourquoi est-ce qu'il nous envoie ce message ?

→ ....

e. Qu'est-ce qu'elle préfère comme dessert ?

→ ....

f. Pour quelle cause est-ce qu'elle milite ?

→ ....

g. Qu'est-ce que vous nous suggérez ?

→ ....

h. À quelle heure est-ce que l'avion arrive ?

→ ....

225 **Changez le futur en conditionnel présent.**

Exemple : La météo annonce qu'il neigera demain à Paris.
→ La météo a annoncé qu'il neigerait demain sur Paris.

a. Le gardien prévient les résidents qu'il y aura une coupure d'eau de 14 h à 16 h.

→ Le gardien a prévenu les résidents qu'il y .... une coupure d'eau de 14 h à 16 h.

b. Le président annonce qu'il sera candidat aux prochaines élections.

→ Le président a annoncé qu'il .... candidat aux prochaines élections.

c. Elle oublie que les magasins seront fermés le 1er janvier.

→ Elle a oublié que les magasins .... fermés le 1er janvier.

d. Je pense que vous n'irez pas à ce séminaire.

→ Je pensais que vous .... pas à ce séminaire.

e. Le professeur se demande si cet élève passera dans la classe supérieure.

→ Le professeur s'est demandé si cet élève .... dans la classe supérieure.

f. Elle espère que ses parents accepteront son choix.

→ Elle espérait que ses parents .... son choix.

g. Pourquoi dites-vous que vous n'arriverez pas à le faire ?

→ Pourquoi avez-vous dit que vous .... pas à le faire ?

226 **Cochez ce qu'exprime le conditionnel présent dans chaque phrase.**

1. une hypothèse   2. une information non confirmée   3. un futur du discours indirect

Exemple : Je lui ai demandé s'il irait à la réunion.	1. ☐	2. ☐	3. ☒
a. Selon les dernières nouvelles, l'épidémie de grippe diminuerait.	1. ☐	2. ☐	3. ☐
b. Est-ce qu'il vous a dit qu'il aurait une promotion l'année prochaine ?	1. ☐	2. ☐	3. ☐
c. S'il se soignait, il irait mieux.	1. ☐	2. ☐	3. ☐
d. Je lui ai répondu que je serais toujours là pour l'aider.	1. ☐	2. ☐	3. ☐
e. D'après ce journal, il y aurait moins de chômage que l'année dernière.	1. ☐	2. ☐	3. ☐
f. Elle a confirmé qu'elle enverrait tous les documents avant la fin de la semaine.	1. ☐	2. ☐	3. ☐
g. Au cas où tu raterais ton train, appelle-moi !	1. ☐	2. ☐	3. ☐
h. Apparemment, ils n'habiteraient plus ensemble.	1. ☐	2. ☐	3. ☐

227 **Transformez les phrases en affirmations non confirmées.**

Exemple : Crash d'avion : il n'y a aucun survivant.
→ Il n'y aurait aucun survivant.

a. Selon les rumeurs, le ministre de l'éducation donne sa démission.

→ ....

b. D'après les syndicats, l'entreprise licencie 20 % des employés.

→ ....

c. D'après *Les échos*, le pouvoir d'achat des Français diminue.

→ ....

d. Selon ce médecin, l'inactivité accélère le vieillissement.

→ ....

d. Le bruit court que le gagnant du loto cède ses gains à une association.

→ ....

f. Selon un récent sondage, 70 % des Français préfèrent le télétravail.

→ ....

g. D'après une étude récente, le salaire des femmes est inférieur de 20 % à celui des hommes.

→ ....

228 Remplacez *en cas de* par *au cas où*.

Exemple : En cas de non règlement de la facture…
→ Au cas où vous ne régleriez pas la facture…

a. En cas de neige…

→ Au cas où il ....

b. En cas de problème…

→ Au cas où tu ....

c. En cas d'annulation…

→ Au cas où vous ....

d. En cas d'échec au bac…

→ Au cas où ils ....

e. En cas de doute…

→ Au cas où je ....

f. En cas d'oubli de votre mot de passe…

→ Au cas où vous ....

g. En cas de panne d'électricité…

→ Au cas où il y ....

229 Mettez les verbes au conditionnel présent puis reliez.

a. Si tu prenais une année sabbatique,

b. Si je jouais à la bourse,

c. Si on s'organisait mieux,

d. S'il y avait moins de camions sur les routes,

e. Si les voisins faisaient trop de bruit,

f. Si tu étais persévérant,

g. Si on se préoccupait de l'environnement,

h. Si on supprimait les 35 h,

1. est-ce que tu .... la police ? (*appeler*)

2. il y .... moins d'accidents. (*avoir*)

3. on n'... plus d'objets en plastique. (*acheter*)

4. est-ce que tu t'ennuierais ? (*s'ennuyer*)

5. les syndicats .... (*protester*)

6. je .... mes placements. (*diversifier*)

7. on .... du temps. (*gagner*)

8. tu n'... pas tes projets. (*abandonner*)

230 **Transformez les phrases comme dans l'exemple.**

Exemple : Elle est malade, elle appelle le médecin.
→ Si elle était malade, elle appellerait le médecin.

a. Nous mangeons bio, nous sommes en bonne santé.

→ ....

b. J'aime mon travail, je le garde.

→ ....

c. Vous déménagez, vous jetez beaucoup de choses inutiles.

→ ....

d. Nous avons des enfants, comment les élevons-nous ?

→ ....

e. J'habite près de mes parents, je vais souvent les voir.

→ ....

f. L'entreprise va mal, le PDG licencie de nombreux salariés.

→ ....

g. C'est possible, je t'emmène avec moi.

→ ....

231 **Complétez avec les verbes de la liste en les mettant au conditionnel présent.**

être – avoir – marcher – développer – demander – créer – tomber – rouler

Si ce constructeur de voitures développait ses voitures comme cette compagnie d'informatique ses logiciels, les voitures tomberaient **(a)** en panne deux fois par jour sans raison apparente. L'airbag vous .... **(b)** « êtes-vous sûr ? » avant de s'ouvrir. Les conducteurs .... **(c)** à réapprendre à conduire chaque fois que le constructeur automobile .... **(d)** un nouveau modèle car aucune fonction ne .... **(e)** comme dans le modèle précédent. Il .... **(f)** des voitures solaires qui .... **(g)** cinq fois plus vite mais qui ne .... **(h)** autorisées à rouler que sur 5 % des routes.

Les verbes en -ir, -re et -oir

┌─ • Le conditionnel présent des verbes en -ir, -re et -oir ─────────────────

Les verbes irréguliers au conditionnel sont les mêmes qu'au futur simple, seule la terminaison change.

Il viendra. → **Il viendrait.**

232 **Soulignez les verbes au conditionnel présent.**

Exemple : Avec des lunettes, il lirait mieux.

a. Le bébé souriait à tout le monde.

b. On riait beaucoup avec nos copains.

c. Tu courrais plus vite avec des baskets.

d. Avec son humour, il attirait toutes les filles.

e. Il y arriverait même sans aide.

f. Tu pariais souvent aux courses ?

g. Ça te dirait d'aller au cinéma ?

h. Elle espérait son retour.

233 **Mettez les verbes à l'infinitif puis au conditionnel présent.**

Exemple : Ils perdent. → Perdre → Ils perdraient.

a. Tu promets. → .... → ....

b. Il écrit. → .... → ....

c. Je pars. → .... → ....

d. On ressent. → .... → ....

e. Vous connaissez. → .... → ....

f. Ils peignent. → .... → ....

g. Nous offrons. → .... → ....

h. Vous remplissez. → .... → ....

i. Ils soutiennent. → .... → ....

234 **Complétez les verbes au conditionnel présent.**

Exemple : Il voudrait te voir.

a. Les ouvriers dev.. faire grève.

b. Pourr...-vous m'envoyer les photos ?

c. Il pleuv.. plus en été.

d. Aur...- vous l'heure ?

e. J'ir.. au bout du monde avec toi.

f. Ser...-nous prêts à accepter ce prix ?

g. Nous dev.. nous reposer.

h. Tu ver.. mieux avec plus de lumière.

235 **Mettez les verbes au conditionnel présent.**

Plus jamais seul !

Mon rêve ne serait (*être*) (**a**) pas de vivre sur une île déserte mais de vivre en colocation où j'................................... (*entretenir*) (**b**) de réels liens sociaux. Je .... (*disposer*) (**c**) d'un espace plus grand, mes colocataires et moi, nous .... (*répartir*) (**d**) les tâches ménagères, les courses, les charges. Je .... (*choisir*) (**e**) des colocataires étrangers, ainsi je .... (*découvrir*) (**f**) des cultures différentes et j'... (*améliorer*) (**g**) mon niveau de langue. En cas de problème, on les .... (*résoudre*) (**h**) ensemble. Mon blues du dimanche soir .... (*disparaître*) (**i**) !

236 **Transformez en demande polie.**

Exemple : Pouvez-vous remplir ce questionnaire ?
→ Pourriez-vous remplir ce questionnaire ?

a. Veux-tu me prêter 50 euros ?

→ ....

b. Cela te dérange si j'arrivais un peu en retard ?

→ ....

c. Cela vous dit d'aller à cette conférence ?

→ ....

d. Voulez-vous m'accompagner à l'aéroport ?

→ ....

e. Cela vous ennuie de jeter un coup d'œil sur ce que j'ai écrit ?

→ ....

f. Tu ne peux pas parler moins fort ?

→ ....

g. Tu veux faire partie de notre équipe ?

→ ....

h. Vous savez où se trouve la rue Racine ?

→ ....

237 **Mettez les verbes entre parenthèses au conditionnel présent.**

Exemple : Tu saurais où il habite ? *(savoir)*

a. Tu .... le savoir. *(devoir)*

b. Avec une vie comme la sienne, je .... fou. *(devenir)*

c. Il .... les contacter au plus vite. *(falloir)*

d. Cela .... la peine de lui poser la question. *(valoir)*

e. ....-nous voir votre jardin ? *(pouvoir)*

f. Avec son charme, elle .... tout ce qu'elle veut. *(obtenir)*

g. Je vous .... chez moi. *(accueillir)*

h. Tu .... vivre avec moi ? *(vouloir)*

238 **Mettez les verbes au conditionnel présent puis soulignez, dans chaque série, celui qui se conjugue différemment.**

Exemple : enlever – emmener – projeter – acheter – achever (je)
→ j'enlèverais – j'emmènerais – je projetterais – j'achèterais – j'achèverais

a. finir – courir – réfléchir – dormir – partir (tu)

→ ....

b. vouloir – devoir – recevoir – pouvoir – prévoir (ils)

→ ....

c. sortir – lire – prendre – vivre – croire (vous)

→ ....

d. exagérer – appeler – céder – préférer – gérer (nous)

→ ....

239 Transformez ces affirmations en informations non vérifiées.

Exemple : Le premier ministre repousse les élections.
→ Le premier ministre repousserait les élections.

a. La pétanque va devenir un sport olympique.

→ ....

b. La ville de Paris vend la tour Eiffel.

→ ....

c. Le virus disparaîtra au printemps.

→ ....

d. L'Homme ira sur Mars en 2025.

→ ....

e. L'entreprise détient 70 % des actions.

→ ....

f. Le ministre de l'Éducation soumet à l'Assemblée son projet de réforme du bac.

→ ....

240 Mettez les présents au conditionnel présent.

Exemple : On vend notre appartement de Paris.
→ On vendrait notre appartement de Paris.

a. Ma femme et moi, nous vivons à la campagne dans une grande maison.

→ ....

b. Nous y recevons nos cinq enfants.

→ ....

c. Nous faisons des travaux d'amélioration.

→ ....

d. Nos enfants viennent nous voir le plus souvent possible.

→ ....

e. On construit une piscine.

→ ....

f. Nous savons comment rendre cette maison accueillante.

→ ....

g. Cela vaut la peine de bien l'aménager.

→ ....

241 Mettez au conditionnel présent puis reliez les phrases à leur auteur.

a. Il faudrait ranger ta chambre. (*falloir*)

b. On vous .... en cas de grève. (*soutenir*)

c. ....-vous un innocent en prison ? (*mettre*)

d. ....- vous salle de classe et salon de thé ? (*confondre*)

e. Vous .... surveiller votre poids. (*devoir*)

f. Quels avantages ....-vous à accepter ce poste ? (*voir*)

g. Vous .... mieux d'accepter cette offre. (*faire*)

1. Un professeur.

2. Une mère.

3. Un agent immobilier.

4. Un médecin.

5. Un syndicaliste.

6. Un avocat.

7. Un recruteur.

242 Complétez avec les verbes proposés au conditionnel présent.

souffrir/enseigner – recevoir/réunir – obtenir/féliciter – jeter/consommer – comprendre/réussir – partir/revenir – vivre/faire

Exemple : S'ils avaient un travail, ils vivraient ensemble et feraient des projets.

a. Si on était plus écolos, on .... moins de nourriture et on .... des produits locaux.

b. S'il était plus jeune, il .... mieux les nouvelles technologies et il .... à se débrouiller seul.

c. S'ils étaient plus sociables, ils .... des amis et ils .... plus souvent leur famille.

d. Si nous le pouvions, nous .... à l'aventure et nous .... avec plein de souvenirs.

e. Si les parents élevaient mieux leurs enfants, les professeurs .... moins et .... dans de meilleures conditions.

f. Si tu consacrais moins de temps à tes jeux vidéos et plus à tes études, tu .... de meilleures notes et tes parents te ....

243 Barrez ce qui ne convient pas.

Exemple : Personne ne sait encore que je *courrai / ~~courrais~~* le prochain marathon de Paris.

a. Je n'imaginais pas que ce *serait / sera* si difficile.

b. Mes amis m'ont dit qu'ils *viendront / viendraient* me voir le week-end prochain.

c. Il n'a pas cru que je *partirai / partirais*.

d. Son chef lui a demandé s'il *voudra / voudrait* suivre une formation.

e. Ils ne sont pas conscients qu'il *faudra / faudrait* beaucoup de temps pour améliorer la situation.

f. Elle m'assure qu'elle *va / irait* très bien.

g. Je suis sûr que tu *recevras / recevrais* une bourse.

h. Nous nous sommes demandé si cela *vaudra / vaudrait* la peine de tout recommencer.

244 **Complétez au conditionnel présent puis reliez.**

a. Sans imagination, il ne pourrait pas faire ce métier. *(pouvoir)* ——————— **1.** Psychanalyste.

b. Sans une bonne élocution, il .... mal ses clients. *(défendre)* **2.** Professeur.

c. Sans patience, il .... renoncer à cette profession. *(devoir)* **3.** Pilote.

d. Sans mémoire, il n'... pas si vite ses rôles. *(apprendre)* **4.** Danseur.

e. Sans une bonne capacité d'écoute, il .... ses clients. *(perdre)* **5.** Romancier.

f. Sans un entraînement quotidien, il ne .... pas. *(progresser)* **6.** Ingénieur du son.

g. Sans une bonne vue, il .... en danger ses passagers. *(mettre)* **7.** Acteur.

h. Sans une bonne oreille, ce métier ne lui .... pas. *(convenir)* **8.** Avocat.

245 **Cochez ce qu'exprime le conditionnel présent dans chaque phrase.**

                            1. une demande polie   2. un conseil   3. un rêve

Exemple : Voudriez-vous m'aider ?   **1.** ☒ **2.** ☐ **3.** ☐

a. À ta place, je réfléchirais.   **1.** ☐ **2.** ☐ **3.** ☐

b. On vivrait à la campagne et on aurait beaucoup d'animaux.   **1.** ☐ **2.** ☐ **3.** ☐

c. Tu pourrais arrêter de faire du bruit, s'il te plaît ?   **1.** ☐ **2.** ☐ **3.** ☐

d. Vous devriez relire vos mails avant de les envoyer.   **1.** ☐ **2.** ☐ **3.** ☐

e. Il faudrait accélérer le rythme.   **1.** ☐ **2.** ☐ **3.** ☐

f. Je réussirais tout ce que j'entreprendrais.   **1.** ☐ **2.** ☐ **3.** ☐

g. Cela vous dirait d'aller au théâtre ?   **1.** ☐ **2.** ☐ **3.** ☐

h. Tous mes soucis disparaîtraient.   **1.** ☐ **2.** ☐ **3.** ☐

246 **Mettez au conditionnel présent.**

Un gagnant généreux

Si je gagnais une grosse somme d'argent, je ferais *(faire)* **(a)** un don aux hôpitaux, je .... *(soutenir)* **(b)** financièrement les *restos du cœur*, j'...................................... *(offrir)* **(c)** des cadeaux à mes enfants, je .... *(créer)* **(d)** une maison d'accueil pour les jeunes en difficulté, j'...................................... *(investir)* **(e)** dans la recherche sur le cancer, je .... *(rendre)* **(f)** heureux ceux qui m'entourent, je .... *(subvenir)* **(g)** aux besoins de ceux qui n'ont rien, je .... *(financer)* **(h)** des aides aux plus défavorisés, j'...................................... *(envoyer)* **(i)** de l'argent à des associations.

247 **Mettez au conditionnel présent.**

Un gagnant égoïste

Que ferait-il *(faire)* **(a)** s'il gagnait au loto ?

Il .... *(arrêter)* **(b)** de travailler, il .... *(sortir)* **(c)** tous les jours dans de grands restaurants, il .... *(investir)* **(d)** dans l'immobilier, il .... *(posséder)* **(e)** un jet privé, il .... *(prendre)* **(f)** un billet pour l'espace, il .... *(vivre)* **(g)** dans le luxe, il .... *(fuir)* **(h)** ses amis par peur de devoir leur donner de l'argent. Il .... *(être)* **(i)** riche mais seul.

248 Complétez avec les verbes entre parenthèses au conditionnel présent.

Exemple : Mes parents m'ont promis qu'ils viendraient me voir. (*venir*)

a. Mon ami m'a assuré qu'il me .... bientôt. (*rejoindre*)

b. J'ai répondu que nous les .... avec plaisir. (*accueillir*)

c. Elle m'a annoncé qu'elle .... aux États-Unis l'année prochaine. (*aller*)

d. Le directeur a reconnu qu'il .... faire des sacrifices. (*falloir*)

e. Les randonneurs n'avaient pas prévu qu'il .... (*pleuvoir*)

f. J'espérais qu'ils n'.. pas le chauffage. (*éteindre*)

g. Elle a compris qu'il ne .... jamais. (*revenir*)

h. Nous ne savions pas si nous .... le sommet avant la nuit. (*atteindre*)

249 Mettez les verbes au conditionnel présent.

Exemple : Qu'arriverait-il si la terre continuait de se réchauffer ? (*arriver*)

a. De nombreuses îles .... (*disparaître*)

b. Les incendies .... les forêts tous les ans. (*détruire*)

c. Les tornades et les ouragans .... de plus en plus fréquents. (*devenir*)

d. Les glaciers .... (*fondre*)

e. Le réchauffement .... certaines populations à migrer. (*contraindre*)

f. La canicule .... chaque année. (*réapparaître*)

250 Mettez les verbes à l'imparfait ou au conditionnel présent.

Exemple : S'il obtenait une bourse, il poursuivrait ses études. (*obtenir/poursuivre*)

a. Tu .... mieux te concentrer si tu .... ton smartphone. (*pouvoir/éteindre*)

b. Si jeunesse ...., si vieillesse .... ! (*savoir/pouvoir*)

c. Vous .... à ma place, que ....-vous ? (*être/faire*)

d. Tu ne .... pas le contredire. (*devoir*)

e. Il se demandait si je .... ses mensonges. (*croire*)

f. Si je lui .... la vérité, il .... que je plaisante. (*dire/penser*)

g. D'après son ami, il .... un psychanalyste depuis 10 ans. (*voir*)

h. Sans son smartphone, il ne .... même pas quel est son numéro de téléphone. (*savoir*)

251 Mettez les verbes au conditionnel présent.

Une bonne plaisanterie

Pendant un entretien d'embauche, un recruteur a demandé au candidat quel salaire il désirerait (*désirer*) (**a**).
Il a répondu que 100 000 euros par an lui .... (*convenir*) (**b**). Alors le recruteur lui a dit : « Que
.... (*dire*) (**c**)-vous d'un contrat qui vous .... (*accorder*) (**d**) dix semaines de
vacances par an ? De plus, l'entreprise .... (*prendre*) (**e**) en charge tous vos frais médicaux,
vous .... (*recevoir*) (**f**) 15 mois de salaire par an, nos fonds de retraite vous ....
(*permettre*) (**g**) de partir à la retraite à 50 ans, vous .... (*bénéficier*) (**h**) bien sûr d'une voiture
de fonction que nous .... (*changer*) (**i**) tous les 6 mois. » « Waouh !, s'est écrié le candidat.

Mais vous ne .... (plaisanter) (**j**) pas par hasard ? » « Si, a répondu le recruteur, mais c'est vous qui avez commencé. »

252 **Complétez ces hypothèses avec le conditionnel présent et l'imparfait.**

Exemple : Si tu me connaissais mieux, tu me comprendrais mieux. (connaître/comprendre)

a. Si on .... plus, il y .... moins de malentendus. (communiquer/avoir)

b. Cela me .... si tu m'.................................. . (réjouir/accompagner)

c. Si mes enfants .... moins de bruit, nous .... entendre la musique. (faire/entendre)

d. Les élèves .... leurs professeurs, si les parents ne les .... pas. (respecter/critiquer)

e. Elle .... mieux ses interlocuteurs, si elle .... son calme. (convaincre/garder)

f. Si les hommes politiques ne .... pas autorité et abus de pouvoir, tout .... mieux. (confondre/aller)

g. Si ses amis ne le .... pas dans son combat, il .... (soutenir/abandonner)

253 **Mettez les verbes au conditionnel présent et répondez.**

Exemple : Suivrais-tu n'importe qui ? (suivre/tu)
→ Non, je ne suivrais pas n'importe qui.

a. .... de l'émotion en le voyant ? (ressentir/vous)
→ Oui, je ....

b. Les .... chez toi ? (recevoir/tu)
→ Oui, je ....

c. .... le risque de tout perdre ? (courir/vous)
→ Non, nous ....

d. .... de peur à la vue d'une araignée ? (mourir/tu)
→ Oui, je ....

e. .... à tout quitter par amour ? (consentir/vous)
→ Oui, je ....

f. .... les tâches entre tous les enfants ? (répartir/elle)
→ Oui, elle ....

254 **Mettez les verbes au conditionnel présent.**

Si on vivait déconnectés ?

Au début, cela créerait (créer) (**a**) un grand vide. Mais peu à peu, on .... (découvrir) (**b**) une nouvelle façon de vivre. On .... (revenir) (**c**) dans le monde réel. On .... (prendre) (**d**) du temps pour nous et pour les autres. On .... (perdre) (**e**) nos amis virtuels mais on .... (revoir) (**f**) nos amis réels. On .... (sortir) (**g**) de la solitude. Être déconnecté

nous .... (*permettre*) (**h**) de ralentir notre rythme de vie. On .... (*redéfinir*) (**i**)
notre manière de communiquer. De nouveau, notre vie nous .... (*appartenir*) (**j**).

255 Transformez ces phrases avec l'imparfait et le conditionnel présent,
comme dans l'exemple.

Exemple : Mes amis vivent à l'étranger. Je ne les vois pas souvent. Mais si mes amis ne vivaient pas
à l'étranger, je les verrais souvent.

a. Je n'ai pas le temps, je ne vais pas au cinéma. Mais si ....

....

b. Il ne fait pas attention, il fait des erreurs. Mais si ....

....

c. Vous ne prenez pas vos médicaments, vous ne guérissez pas. Mais si ....

....

d. Les hommes politiques mentent. On ne les croit pas. Mais s'ils ....

....

e. Nous détruisons les forêts. La nature meurt. Mais si ....

....

f. On permet l'utilisation des pesticides, les abeilles disparaissent. Mais si ....

....

256 Complétez ces hypothèses avec le conditionnel présent et l'imparfait.

Exemple : Voudriez-vous partir à l'étranger si on vous le demandait ? (*vouloir/demander*)

a. Si on te .... de jouer dans un film, ... -tu ? (*proposer/accepter*)
b. Si la caissière .... de compter un article, lui .... - vous ? (*oublier/dire*)
c. Qu'...........................-il si on .... le centre de Paris aux voitures ? (*arriver/interdire*)
d. Si quelqu'un .... dans la zone non fumeur, lui ....-vous d'éteindre
sa cigarette ? (*fumer/demander*)
e. Si on .... plus de policiers dans les rues, est-ce que la violence .... ?
(*mettre/diminuer*)
f. Si je te .... un secret, est-ce que tu le .... ? (*confier/garder*)
g. Que ....-tu si je .... (*faire/disparaître*)

257 Complétez au conditionnel présent.

Exemple : Si vous ratiez le bac...
→ quelles seraient les conséquences ? (*être*)

a. est-ce que vous .... ? (*recommencer*)
b. qu'est-ce que vous en .... ? (*conclure*)
c. qu'est-ce que vous .... ? (*ressentir*)
d. que .... vos parents ? (*dire*)
e. est-ce que votre échec les .... ? (*décevoir*)
f. ....- vous courage ? (*perdre*)

g. ....- vous vos études ? (*poursuivre*)

h. est-ce que vous les... ? (*interrompre*)

258 **Mettez les verbes au futur ou au conditionnel présent.**

Exemple : Si je n'ai pas de réponse demain, je l'appellerai. (*appeler*)

a. Tu .... d'ennui si tu ne travaillais pas. (*mourir*)

b. Avec plus d'organisation, vous ne .... pas dans un stress permanent. (*vivre*)

c. On .... qu'il va neiger. (*dire*)

d. Cela te .... de faire une partie d'échecs ? (*dire*)

e. J'espère qu'il .... un bon musicien. (*devenir*)

f. Cela vous .... peur de passer un mois seul dans le désert ? (*faire*)

g. Il .... bientôt renouveler votre visa. (*falloir*)

h. On .... comment la situation évoluera. (*voir*)

259 **Transformez comme dans l'exemple.**

Exemple : Vous souffrez de dépression. Allez-vous voir un psychiatre ?
→ Si vous souffriez de dépression, iriez-vous voir un psychiatre ?

a. Un ami court un danger. Est-ce que tu lui viens en aide ?

→ ....

b. Vous découvrez un trésor dans votre jardin. Est-ce que ça vous remplit de joie ?

→ ....

c. Vous voyez deux personnes se battre. Intervenez-vous ?

→ ....

d. Tu sais que tu as tort. Est-ce que tu maintiens ta position ?

→ ....

e. Une voyante vous prédit un malheur. Que ressentez-vous ?

→ ....

f. Tes amis trahissent un secret. Comment réagis-tu ?

→ ....

Les verbes pronominaux

260 **Mettez les verbes au conditionnel présent et trouvez leur synonyme dans la liste.**

s'apercevoir – se souvenir – se voir – s'appeler – s'y faire – s'en faire – se croire – se permettre

Exemple : Si on avait le temps, on se téléphonerait plus souvent. (*se téléphoner*)
→ on s'appellerait plus souvent.

a. À ta place, je ne .... pas pour lui. (*s'inquiéter*)

→ je ne .... pas pour lui

b. Si vous le connaissiez mieux, vous .... qu'il est bizarre. (*se rendre compte*)

→ vous .... qu'il est bizarre.

c. Si tu le notais, tu .... ton mot de passe. *(se rappeler)*

→ tu .... de ton mot de passe.

d. S'ils pouvaient, ils .... tous les jours. *(se rencontrer)*

→ ils .... tous les jours.

e. S'il ne se prenait pas pour le chef, il ne .... pas à parler sur ce ton. *(s'autoriser)*

→ il ne .... de parler sur ce ton.

f. Chez eux, on .... dans un château. *(s'imaginer)*

→ on .... dans un château.

g. Si tu faisais des efforts, je suis sûr que tu .... *(s'y habituer)*

→ tu ....

261 Mettez dans l'ordre.

Exemple : nous / De / plaindrions / -nous ? / quoi
→ De quoi nous plaindrions-nous ?

a. des / on / Avec / s' / habituerait. / y / efforts

→ ....

b. ils / ils / enfants / marieraient. / des / S' / avaient / se

→ ....

c. Si / vous / vous / réconcilieriez. / vous / rencontriez / vous

→ ....

d. l' / se / rapidement. / vaccin / Sans / propagerait / épidémie.

→ ....

e. je / ta / me / À / méfierais / lui. / place / de

→ ....

f. te / couchais / Si / plus / plus / lèverais / tôt. / tôt / tu / te / tu

→ ....

262 Mettez les verbes au conditionnel présent puis répondez.

Exemple : Est-ce que cela se ferait dans votre pays de manger des escargots ? *(se faire)*
→ Non, cela ne se ferait pas.

a. Est-ce que vous .... du malheur des autres ? *(se réjouir)*

→ Non, je ....

b. Est-ce que vous .... de vos collègues ? *(se plaindre)*

→ Oui, je ....

c. Est-ce que vous .... pour la paix dans le monde ? *(se battre)*

→ Oui, je ....

d. Est-ce que vous .... en danger pour sauver quelqu'un ? *(se mettre)*

→ Oui, je me ....

e. Est-ce que vous .... à nous pour ce projet ? *(se joindre)*

→ Non, je ....

f. Est-ce que vous .... de critiquer vos parents ? *(se permettre)*

→ Non, je ....

263 **Complétez au conditionnel présent et répondez avec les antonymes de la liste.**

s'éteindre – bien s'entendre – se retrouver – s'asseoir – se soumettre – s'interdire – s'amuser

Exemple : Tu t'ennuierais à cette fête ? *(s'ennuyer)*
→ Non, je m'amuserais.

a. Tu crois qu'on .... ? *(se disputer)*

→ Non, on ....

b. Vous .... de contredire votre chef ? *(se permettre)*

→ Non, je ....

c. Vous .... à son arrivée ? *(se lever)*

→ Non, nous ....

d. Elle .... contre lui ? *(se rebeller)*

→ Non, elle ....

e. La télévision .... automatiquement ? *(s'allumer)*

→ Non, elle .... automatiquement.

f. Vous .... dans Paris ? *(se perdre)*

→ Non, avec le GPS, on .... facilement.

264 **Reliez et mettez les verbes au conditionnel présent.**

a. Si tu te coupais les cheveux toute seule,

b. J'ai rendez-vous chez mon dentiste,

c. Si elle chantait faux,

d. Si elle était déprimée à cause de sa maladie,

e. Garder ses chaussures dans la maison,

f. Si je devais vivre dans un pays chaud,

g. Leur maison est magnifique,

h. Si elle oubliait de souhaiter mon anniversaire,

1. ça ne .... pas au Japon. *(se faire)*

2. elle .... bien. *(se vendre)*

3. elle .... *(s'en vouloir)*

4. je .... bien. *(s'en passer)*

5. ça .... *(se comprendre)*

6. ça se verrait. *(se voir)*

7. ça .... *(s'entendre)*

8. je .... *(s'y habituer)*

265 **Complétez au conditionnel présent ou à l'imparfait.**

Exemple : Même si on m'offrait un billet, je n'irais pas voir ce spectacle. *(offrir/aller)*

a. Au cas où cette situation ...., il .... réagir rapidement. *(se reproduire/falloir)*

b. Vous .... de meilleurs arguments, vous me .... *(utiliser/convaincre)*

c. Il .... d'un peu de bonne volonté et nous .... à nous mettre d'accord. *(suffire/réussir)*

d. Si chacun........................ de la survie de l'humanité, nous .... l'avenir avec plus d'optimisme. *(se soucier/voir)*

e. Si seulement ils .... avant de prendre une décision, ils .... de meilleurs résultats. *(réfléchir/obtenir)*

f. Elle s'est aperçue que ce poste .... un savoir-faire qu'elle ne .... pas. *(requérir/maîtriser)*

1. Mettez les verbes au conditionnel présent.

À quoi .... (*pouvoir*) (**a**) ressembler vos journées en 2050 ? À votre réveil, vous .... (*prendre*) (**b**) connaissance des dernières nouvelles dans votre salle de bains en tapant sur un miroir tactile. Un robot vous .... (*servir*) (**c**) votre petit-déjeuner. Il .... (*s'occuper*) (**d**) de toutes les tâches pénibles à votre place. Vous .... (*porter*) (**e**) des vêtements connectés fabriqués avec votre imprimante 3D. Ils .... (*changer*) (**f**) de couleur et .... (*s'adapter*) (**g**) à la température extérieure. Vos chaussures .... (*calculer*) (**h**) vos performances sportives. Vous .... (*se rendre*) (**i**) à la gare dans votre voiture entièrement automatisée. Là, vous .... (*monter*) (**j**) dans un train supersonique qui vous .... (*transporter*) (**k**) en 25 minutes à Moscou pour un rendez-vous d'affaires. Vous .... (*avoir*) (**l**) à votre disposition un taxi volant attaché à un drone et contrôlé à distance. Pour le déjeuner, vous .... (*se nourrir*) (**m**) d'insectes et d'algues, la viande n'étant plus suffisante pour les 10 milliards d'êtres humains de la Terre. Rentré chez vous à 19 h, vous .... (*se préparer*) (**n**) à recevoir un ami. Assis dans un fauteuil, vous .... (*mettre*) (**o**) des lentilles sur vos yeux et instantanément vous .... (*voir*) (**p**) votre ami en face de vous comme s'il était vraiment présent. Vous .... (*faire*) (**q**) ensemble un jeu vidéo en réalité virtuelle. Vous .... (*vivre*) (**r**) au milieu d'objets connectés. Cette vie vous ....-elle (*convenir*) (**s**), ne vous ....-il (*manquer*) (**t**) pas quelque chose ?

2. Mettez les verbes au conditionnel présent ou à l'imparfait.

Où passer ses vacances ? Dilemme !

Lui : On est déjà en mars, il .... (*falloir*) (**a**) peut-être commencer à s'occuper des vacances. C'est toi qui as choisi l'année dernière, c'est donc à mon tour de décider où aller cette année. Cela me .... (*dire*) (**b**) bien d'explorer la forêt amazonienne. On .... (*partir*) (**c**) avec le minimum de bagages et pour seul guide celui du *routard*. On .... (*se sentir*) (**d**) libres, loin de tout. Ce .... (*être*) (**e**) un dépaysement total. Je suis sûr que ça te .... (*plaire*) (**f**).

Elle : J'ai toujours su que vivre dangereusement te .... (*réjouir*) (**g**). Malheureusement, moi non. L'idée même de passer mes vacances dans un milieu hostile où des moustiques, des araignées et bien d'autres insectes inconnus nous .... (*pourrir*) (**h**) la vie m'est insupportable. Moi, je .... (*se voir*) (**i**) très bien passer une semaine sur un bateau de croisière où on ne .... (*faire*) (**j**) rien sinon manger, bronzer et nager dans la piscine.

Lui : Effectivement, nous avons une conception différente des vacances. Si nous .... (*parvenir*) (**k**) à un compromis, nous .... (*pouvoir*) (**l**) éviter le conflit. Si on .... (*s'inscrire*) (**m**) à une croisière de découverte qui .... (*s'occuper*) (**n**) de tout et qui nous .... (*permettre*) (**o**) de connaître un pays et une façon de vivre totalement différente. Par exemple, nous .... (*découvrir*) (**p**) La Laponie, nous .... (*dormir*) (**q**) dans un igloo, nous .... (*vivre*) (**r**) avec une faune différente, et nous .... (*contempler*) (**s**) les aurores boréales. Ce mode de vacances t' ....-il (*aller*) (**t**) ?

Elle : Et si on .... (*rester*) (**u**) à la maison ?

• Le conditionnel passé

On forme le conditionnel passé sur le passé composé. Il suffit de mettre l'auxiliaire « être » ou « avoir » au conditionnel présent.

Vous avez aimé. → **Vous** auriez **aimé.**
Je suis allé(e). → **Je** serais **allé(e).**
Ils se sont trompés. → **Ils se** seraient **trompés.**

 L'accord du participe passé suit les mêmes règles que pour le passé composé.

Elle serait retournée chez elle.

On emploie le conditionnel passé pour exprimer :
– des regrets : **Il** aurait fallu **m'appeler.**
– des reproches : **Tu** aurais dû **lui dire.**
– des nouvelles non vérifiées : **Il y** aurait eu **5 morts dans l'explosion.**
– une hypothèse au passé : **Si elle n'était pas venue, nous** aurions été **tristes.**

 Attention ! Pas de conditionnel passé après un « si » hypothétique → plus-que parfait.

Si j'avais su...

---

266 **Donnez le passé composé correspondant au conditionnel passé.**

Exemple : On aurait eu de la chance. → On a eu de la chance.

a. Vous auriez approuvé ces mesures.

→ ....

b. Ils seraient restés chez eux.

→ ....

c. La situation aurait été différente.

→ ....

d. On aurait organisé la journée autrement.

→ ....

e. Nous aurions demandé des explications.

→ ....

f. Vous seriez arrivés ensemble.

→ ....

g. Tu aurais été surpris.

→ ....

h. Je ne serais pas rentrée si tôt.

→ ....

267 Reliez. (Plusieurs possibilités.)

a. Les voisins

b. Nous

c. Cela

d. On

e. Vous

f. Tu

g. Tout

h. Je

1. aurait été réglé rapidement.

2. auraient protesté.

3. aurait approuvé.

4. n'aurais pas été seule.

5. auriez eu les félicitations du jury.

6. aurais observé de loin.

7. leur aurions envoyé des preuves.

8. aurait eu des conséquences importantes.

268 Futur antérieur ou conditionnel passé ? Cochez la bonne réponse.

Exemple : Il aura oublié.   1. [x] Futur antérieur   2. ☐ Conditionnel passé

a. Sans cela, il n'y serait jamais allé.   1. ☐ Futur antérieur   2. ☐ Conditionnel passé

b. Cela n'aura pas été facile.   1. ☐ Futur antérieur   2. ☐ Conditionnel passé

c. Les enfants auraient passé de bonnes vacances.   1. ☐ Futur antérieur   2. ☐ Conditionnel passé

d. Il y aurait eu une catastrophe.   1. ☐ Futur antérieur   2. ☐ Conditionnel passé

e. On n'aura pas eu le temps de vérifier.   1. ☐ Futur antérieur   2. ☐ Conditionnel passé

f. Il aurait posé des questions pertinentes.   1. ☐ Futur antérieur   2. ☐ Conditionnel passé

g. Vous seriez passé par un autre chemin.   1. ☐ Futur antérieur   2. ☐ Conditionnel passé

269 Barrez ce qui ne convient pas.

Exemple : Tout d'abord ils ~~aurais~~ / ~~aurait~~ / auraient analysé la situation.

a. On *aurais / aurait / auraient* organisé des conférences.

b. J'*aurais / aurait / auraient* calculé le pourcentage de satisfaction.

c. Tu *aurais / aurait / auraient* invité nos investisseurs.

d. On *aurais / aurait / auraient* contacté des agences de pub.

e. Tous les salariés *aurais / aurait / auraient* participé.

f. On *aurais / aurait / auraient* décerné un prix.

g. Tout le monde *aurais / aurait / auraient* félicité le gagnant.

270 *Être* ou *avoir* ? Entourez la bonne réponse.

Exemple : D'après ses amis, il *serait* / (*aurait*) monté une petite entreprise au Pérou.

a. Sans l'aide de ses médecins, il *serait / aurait* tombé gravement malade.

b. Nous *serions / aurions* arrivés plus tôt si on avait su.

c. Ils *seraient / auraient* retourné la lettre sans l'ouvrir.

d. Vous *seriez / auriez* marché pendant 30 kilomètres avec cette chaleur ?

e. À ta place, je *serais / j'aurais* passé cet examen.

f. S'ils avaient pu, ils *seraient / auraient* restés chez eux.

g. D'après ses amis, elle *serait / aurait* émigré en Alaska.

h. Si vous aviez su, *seriez-vous / auriez-vous* passés par le bord de mer ?

271 **Mettez dans l'ordre.**

Exemple : mesure. / On / pas / n' / contesté / aurait / cette
→ On n'aurait pas contesté cette mesure.

a. permis / eu / pas / aurait / n' / le / Il / travail. / de

→ ....

b. une / occasion. / aurait / bonne / été / Cela

→ ....

c. Elle / serait / n' / allée / seule. / y / pas

→ ....

d. n' / Je / aurais / pensé. / jamais / y

→ ....

e. Ils / Mont / sommet / montés / du / au / Blanc ! / seraient

→ ....

f. auriez / Vous / plus / cherché / n' / voir. / la / à

→ ....

272 **Mettez à la forme négative avec les négations proposées.**

Exemple : J'aurais collaboré à ce projet. *(jamais)*
→ Je n'aurais jamais collaboré.

a. J'y serais allé. → .... *(jamais)*
b. Ils auraient payé. → .... *(pas)*
c. Vous auriez changé. → .... *(rien)*
d. Elles y seraient retournées. → .... *(plus)*
e. On aurait imaginé. → .... *(jamais)*
f. Nous aurions dépensé. → .... *(rien)*
g. Tu aurais accepté. → .... *(pas)*

273 **Complétez le texte au conditionnel passé.**

Une occasion perdue

J'aurais expliqué *(expliquer)* (**a**) la situation, elle .... *(écouter)* (**b**). On ....
(discuter) (**c**). On .... *(dissiper)* (**d**) les malentendus. Cela .... *(être)* (**e**)
un soulagement. On .... *(oublier)* (**f**) nos différends. Tu nous ....
(inviter) (**g**) à déjeuner. Tout .... *(rentrer)* (**h**) dans l'ordre. On n'.................... plus
jamais .... *(parler)* (**i**) de cette histoire ! Mais, hélas, cela ne s'est pas passé comme ça.

Les verbes en *-ir, -re* et *-oir*

274 Cochez la bonne réponse.

1. reproche **2.** regret **3.** information non confirmée **4.** hypothèse

Exemple : Elles auraient dû me prévenir. .... 1. [x] 2. ☐ 3. ☐ 4. ☐

a. Tu aurais pu essayer. .... 1. ☐ 2. ☐ 3. ☐ 4. ☐

b. Le PDG aurait pris sa retraite. .... 1. ☐ 2. ☐ 3. ☐ 4. ☐

c. S'il avait plu, on serait parti. .... 1. ☐ 2. ☐ 3. ☐ 4. ☐

d. J'aurais dû la consoler. .... 1. ☐ 2. ☐ 3. ☐ 4. ☐

e. Il aurait fallu réserver plus tôt ! .... 1. ☐ 2. ☐ 3. ☐ 4. ☐

f. À votre place, j'aurais fait un effort. .... 1. ☐ 2. ☐ 3. ☐ 4. ☐

g. Ils auraient soutenu ce candidat. .... 1. ☐ 2. ☐ 3. ☐ 4. ☐

275 Complétez le participe passé. Attention à l'accord !

Exemple : Je les aurais accueillis avec plaisir.

a. Elle aurait réuss................................., je suis sûre qu'elle y serait parven.. .

b. Sans vous, nous aurions obten.. de moins bons résultats.

c. Ils auraient approfond.. la question et auraient rétabl.. la vérité.

d. Vous auriez reten...................................... la leçon et vous seriez deven.. plus responsables.

e. Les spectateurs auraient applaud.................................... les comédiens qui les auraient salu...................................... .

276 Mettez au pluriel.

Exemple : Je serais arrivé à l'heure. → Nous serions arrivés à l'heure.

a. Il serait resté à la maison. → ....

b. Tu aurais fait du stop ? → ....

c. Elle aurait voulu s'exprimer. → ....

d. J'aurais aimé rester plus longtemps. → ....

e. Tu serais sorti malgré l'interdiction ? → ....

f. J'aurais pu les aider. → ....

277 Barrez ce qui ne convient pas.

Exemple : Elle *serait* / ~~aurait~~ venue avec ses gardes du corps.

a. Je *ne serais* / *n'aurais* pas descendu tous les bagages.

b. Nous *serions* / *aurions* intervenus rapidement.

c. On *serait* / *aurait* sorti nos parapluies.

d. Vous *seriez* / *auriez* maintenu le cap ?

e. Ils *seraient* / *auraient* sortis par la porte de derrière.

f. Les voisins *seraient* / *auraient* prévenu les pompiers.

278 Transformez au conditionnel passé à la forme affirmative comme dans l'exemple.

Randonnée

Pourquoi ne m'as-tu pas écouté ? Tu n'as pas mis de vêtements chauds, tu n'as pas pris de bonnes chaussures de marche, tu n'as pas emporté une gourde si bien que tu n'as pas bu régulièrement de l'eau, tu n'as pas fait la randonnée par étapes, tu n'es pas arrivé en bonne forme et tu es tombé malade.

Si tu m'avais écouté, tu aurais mis des vêtements chauds, tu ....

....

....

....

....

279 Transformez l'exercice précédent en changeant le *tu* en *vous*.

Si tu m'aviez écouté, vous auriez mis des vêtements chauds, vous ....

....

....

....

....

280 Mettez au conditionnel passé pour donner une information non vérifiée.

Exemple : Il paraît qu'elle a émis des réserves.
→ Elle aurait émis des réserves.

a. Ils ont promis un changement.

→ ....

b. Tu as combattu les préjugés.

→ ....

c. Vous avez transmis l'ordre.

→ ....

d. Nous avons bien débattu.

→ ....

e. Quelqu'un a commis des erreurs.

→ ....

f. On a admis de nouveaux membres.

→ ....

281 Donnez l'infinitif des verbes conjugués.

Exemple : Dans ce cas, ils auraient interrompu la conférence. → interrompre

a. Sans elle, il serait mort. → ....

b. D'après la radio, ils auraient dissous l'assemblée. → ....

c. Cela aurait déplu à son père. → ....

d. Sans vous, on n'aurait pas résolu cette énigme. → ....

e. Il aurait suffi de peu ! → ....

f. Elle aurait cousu elle-même sa robe ! → ....

g. Il aurait mieux valu s'informer avant. → ....

h. Il n'aurait pas plu depuis 6 mois ! → ....

282 Mettez dans l'ordre.

Exemple : jamais / Elle / décourager. / se / n' / dû / aurait
→ Elle n'aurait jamais dû se décourager.

a. n' / Je / aurais / m' / pas / énerver. / dû

→ ....

b. arguments. / bons / Il / fallu / de / donner / aurait

→ ....

c. m' / fait / mieux / Vous / de / auriez / parler. / en

→ ....

d. le / Tu / dire / aurais / pu / me / avant.

→ ....

e. tôt. / fallu / Il / nous / aurait / avertir / plus

→ ....

f. mieux / aurait / Il / tout / valu / arrêter.

→ ....

283 Mettez au conditionnel passé.

Exemple : Il aurait reconnu sa faute, on lui aurait pardonné. (*reconnaître/pardonner*)

a. Tu m'.......................... cela il y a 5 ans, je ne t'................ pas .... (*dire/croire*)

b. Elle ...., elle .... tous les records. (*concourir/battre*)

c. Ils .... leur projet avant, on ne les .... pas .... au sérieux.
   (*soumettre/prendre*)

d. Il .... dans une famille riche, il .... des études. (*naître/faire*)

e. On .... sa bêtise, on l'.............................. sévèrement. (*découvrir/punir*)

f. Vous .... deux jours, la neige .... (*attendre/fondre*)

284 Complétez au conditionnel passé.

Regrets ?

Si elle n'avait pas dû s'occuper de son vieux père, elle n'aurait pas abandonné (*ne pas abandonner*) (**a**) ses études. Elle .... (*ne pas vivre*) (**b**) au Portugal. Elle .... (*réussir*) (**c**) ses examens puis elle .... (*étudier*) (**d**) le Droit international. Elle .... (*partir*) (**e**) à Genève et .... (*devenir*) (**f**) célèbre. Elle .... (*rester*) (**g**) célibataire ou elle .... peut-être .... (*épouser*) (**h**) un haut fonctionnaire et .... (*avoir*) (**i**) des enfants. ....-elle .... (*être*) (**j**) plus heureuse ?

285 Répondez à la forme négative.

Exemple : À ma place, vous vous seriez inscrits ?
→ Non, nous ne nous serions pas inscrits.

a. Tu aurais pris cet argent ?

→ Non, je ....

b. Vous auriez offert un cadeau ?

→ Non, nous ....

c. Vous les auriez revus ?

→ Non, nous ....

d. Vous seriez sortis ?

→ Non, nous ....

e. Tu le lui aurais permis ?

→ Non, je ....

286 Donnez ces informations non confirmées en utilisant le conditionnel passé.

Exemple : Un grave accident est survenu place de la Concorde.
→ Un grave accident serait survenu place de la Concorde.

a. On a découvert trente tableaux volés chez un dentiste parisien.

→ ....

b. Les oiseaux migrateurs sont partis vers le sud avec un mois d'avance.

→ ....

c. Des scientifiques ont réussi à cloner des êtres humains.

→ ....

d. Une Française de 25 ans a mis au monde des sextuplés.

→ ....

e. La météo a prévu un été très pluvieux.

→ ....

f. La nouvelle mode de Hong-Kong a envahi les plages françaises.

→ ....

287 Regret ou reproche ? Complétez au conditionnel passé et cochez la bonne case.

1. regret   2. reproche

	1.	2.
Exemple : Vous auriez dû me prévenir ! (devoir)	☐	☒
a. Il .... me le dire plus tôt ! (falloir)	☐	☐
b. J'.. me motiver davantage. (devoir)	☐	☐
c. Tu .... changer la date ! (pouvoir)	☐	☐
d. Vous n'.. pas .... accepter. (devoir)	☐	☐
e. On .... mieux .... de dire la vérité. (faire)	☐	☐
f. Il .... préférable de réserver des places. (être)	☐	☐

288 **Conditionnel présent ou passé ? Barrez ce qui ne convient pas.**

Exemple : Aujourd'hui, il *serait* / ~~*aurait été*~~ propriétaire s'il avait fait des économies.

a. Au cas où vous *auriez* / *auriez eu* des difficultés, vous pouvez me joindre à ce numéro.

b. Elle *changerait* / *aurait changé* d'avis si vous aviez su argumenter.

c. Si tu avais vu ce spectacle, tu *adorerais* / *aurais adoré*.

d. Si chacun était sincère, on *pourrait* / *aurait pu* régler cette affaire.

e. Si tu n'es pas d'accord, il *vaudrait mieux* / *aurait mieux valu* le dire.

f. Il *serait* / *aurait été* en pleine forme aujourd'hui s'il avait poursuivi son entraînement.

g. Avec les promotions du mois dernier, vous *économiseriez* / *auriez économisé* 100 euros.

h. Combien *resterait-il* / *serait-il resté* d'éléphants aujourd'hui si on ne les avait pas protégés ?

289 **Complétez au conditionnel présent ou au conditionnel passé.**

Exemple : S'il était entré au conservatoire, aujourd'hui il serait professeur de musique. *(être)*

a. Si tu étais parti à l'heure, tu .... à l'heure. *(arriver)*

b. Maintenant, il .... en Inde s'il avait accepté ce poste. *(vivre)*

c. Si vous aviez fini votre travail hier, vous .... aller au cinéma aujourd'hui. *(pouvoir)*

d. Si tu avais mis le plat dans le four quand je te l'ai dit, nous .... déjà .... de dîner. *(finir)*

e. Nous n'.. pas tous ces problèmes maintenant, si nous avions bien lu le contrat. *(avoir)*

f. S'ils avaient eu des jumeaux, il .... qu'ils déménagent. *(falloir)*

290 **Répondez librement aux questions avec les verbes proposés ou d'autres.**

accepter – refuser – aller – choisir – faire – dire – rendre – aider – vendre – donner – proposer

Exemple : Qu'auriez-vous fait...
si on vous avait invité(e) au dernier festival du film à Cannes ?
→ J'aurais accepté. / J'y serais allé(e). / Je n'y serais pas allé(e).

a. si on vous avait demandé de vous présenter aux élections municipales de votre ville ?

→ ....

b. si l'avion que vous deviez prendre avait été annulé ?

→ ....

c. si vous aviez pu choisir de vivre dans un autre pays que le vôtre ?

→ ....

d. si on vous avait offert une montre d'une très grande valeur mais qui ne vous plaisait pas ?

→ ....

e. si vous aviez été témoin d'un accident dans la rue ?

→ ....

f. si vous aviez vu quelqu'un voler dans un magasin.

→ ....

291 **Complétez pour formuler une hypothèse au passé.**

Exemple : Si on avait démoli le mur, on aurait agrandi le jardin.

a. Si tu .... investi dans l'immobilier, tu .... devenu riche.

b. Si j' .... ouvert le paquet, j'.. découvert mon cadeau.

c. Si on .... bien réfléchi, on .... agi différemment.

d. Si le médecin .... fait un bon diagnostic, Marc .... guéri.

e. Si vous .... défini une stratégie, vous .... réussi.

f. Si nous .... restés, ils .... partis.

292 Conjuguez au plus-que-parfait (après « si ») et au conditionnel passé pour formuler une hypothèse.

Exemple : Si j'avais su, je ne serais pas venu(e). *(savoir/ne pas venir)*

a. Si vous les ...., on .... l'affaire. *(convaincre/conclure)*

b. S'il ...., nous .... autre chose. *(pleuvoir/prévoir)*

c. S'ils .... une assurance, ils .... une indemnité. *(souscrire/percevoir)*

d. Nous .... longtemps ensemble s'il .... *(vivre/ne pas mourir)*

e. Si elle .... nos conseils, elle .... son travail. *(suivre/ne pas perdre)*

Les verbes pronominaux

• Le conditionnel passé et les verbes pronominaux

Comme pour le passé composé, on emploie l'auxiliaire « être » pour former le conditionnel passé des verbes à la forme pronominale.

Tout s'est bien passé. → **Tout se** serait **bien passé.**

Les règles d'accord du participe passé sont les mêmes que celles appliquées au passé composé.

Nous nous serions parlé.   *parler à* → complément d'objet indirect
Nous nous serions regardé(e)s.   *regarder* → complément d'objet direct

---

293 Reliez.

a. Si on l'avait interrogé,   **1.** si on avait fait plus de publicité.

b. Si vous vous étiez joints à nous,   **2.** il se serait tu.

c. Elle se serait évanouie   **3.** elle ne se serait pas écroulée.

d. Ce livre se serait bien vendu   **4.** si elle avait appris la nouvelle.

e. Si tu t'étais trompé,   **5.** je me serais enfui.

f. S'ils avaient entretenu leur maison,   **6.** nous nous serions bien amusés.

g. Si j'avais été à votre place,   **7.** on t'aurait licencié.

294 Mettez au conditionnel passé.

Exemple : Tout monde s'est adapté.
→ Tout le monde se serait adapté.

a. Elle s'est trompée de route.

→ ....

b. Ils se sont arrêtés à mi-chemin.

→ ....

c. Vous vous êtes énervés sans raison.

→ ....

d. On s'est posé des questions.

→ ....

e. Nous nous sommes occupés des formalités.

→ ....

f. Tu t'es bien reposé.

→ ....

g. Je me suis imaginé le pire.

→ ....

295 **Complétez avec l'auxiliaire « être » pour former le conditionnel passé. Faites l'accord du participe passé si nécessaire.**

Exemple : On se serait téléphoné et on se serait donné rendez-vous.

a. Nous nous .... rencontré...... et nous nous .... parlé...... .

b. On se .... bien entendu...... et on se .... compris...... .

c. Nous nous .... éloigné...... puis nous nous .... retrouvé...... .

d. Nous nous .... amusé...... et nous nous .... confié...... des secrets.

e. On se .... juré...... fidélité et on ne se .... pas quitté...... .

f. Et que se .... -il passé...... après ?

296 **Pronominaux ou non pronominaux ?**
Choisissez le verbe qui convient et mettez-le au conditionnel passé.

passer/se passer – apercevoir/s'apercevoir – croire/se croire – douter/se douter

Exemple : Je me serais passé d'aller à cette réunion !

a. Il n'a pas accepté sa défaite ? Je .... en .... !

b. On .... au paradis !

c. Tôt ou tard, on .... de cette erreur.

d. Avec sa barbe, on .... qu'il avait 60 ans.

e. Si tu t'étais mis là, tu .... le chef d'orchestre.

f. Vous .... de son honnêteté ?

g. Nous .... tout l'été sur cette île merveilleuse.

297 **Faites des phrases au conditionnel passé avec les éléments donnés.**

Exemple : Il / se rendre compte de son erreur / s'excuser
→ Il se serait rendu compte de son erreur, il se serait excusé.

a. Vous / se suivre en voiture / ne pas se perdre

→ ....

b. On / se déguiser / se croire au carnaval

→ ....

c. Tu / se coucher tôt / se lever sans difficulté

→ ....

d. Ils / se voir / se plaire immédiatement

→ ....

e. Nous / se disputer / se battre

→ ....

f. Je / s'ennuyer / s'endormir

→ ....

298 **Complétez au conditionnel passé.**

Exemple : Si vous l'aviez rencontrée, vous vous seriez souvenu d'elle ! *(se souvenir)*

a. Grâce à moi, ils .... de cette erreur. *(s'apercevoir)*

b. Sans elle, nous .... *(s'ennuyer)*

c. Jamais il ne .... à sa mère. *(se confier)*

d. À la longue, tu .... *(s'habituer)*

e. Je pense que la situation .... *(s'améliorer)*

f. C'était si ennuyeux qu'on .... *(s'endormir)*

299 **Complétez au conditionnel passé.**

Une sombre histoire

Leur professeur affirme que ces lycéens se seraient mal conduits *(se conduire)* **(a)** : Ils ....

(s'insulter) **(b)**, puis ils .... *(se battre)* **(c)**.

Eux prétendent qu'ils .... *(se faire)* **(d)** attaqués par une bande adverse, qu'ils

.... *(se défendre)* **(e)** et qu'ils .... *(se plaindre)* **(f)** auprès du

directeur mais que la fameuse bande .... *(se volatiliser)* **(g)** dans la nature !

300 **Finissez les phrases à la forme négative.**

Exemple : Si elle avait compris le danger, elle ne se serait pas engagée dans l'armée. *(s'engager)*

a. Si j'avais su, je .... à côté de lui. *(s'asseoir)*

b. Si on nous avait prévenus, on .... *(se déplacer)*

c. Sans cet événement, nous .... *(se marier)*

d. Si on avait suivi le chemin, on .... *(se perdre)*

e. Si tu avais arrosé mes fleurs, elles .... *(se faner)*

301 **Conditionnel présent ou passé ? Entourez la bonne réponse.**

Exemple : Quelle profession *choisiriez-vous /* (*auriez-vous choisie*) si nous n'étiez pas devenu médecin ?

a. Si j'avais profité des promotions, j'*économiserais / aurais économisé* 30 euros.

b. Si vous insistiez, elle *changerait / aurait changé* d'avis.

c. Si chacun faisait preuve de bonne volonté, *ce serait / cela aurait été* plus facile.

d. Si tu avais vu ce spectacle, tu *t'amuserais bien / te serais bien amusé*.

e. S'ils avaient bien compté ils *s'apercevraient / se seraient aperçus* qu'il manquait une personne.

f. Si on avait su cela avant, on *n'irait pas / ne serait pas allé* là-bas.

Bilan 8

1. Complétez au conditionnel passé.

La vie rêvée d'un homme

Il .... (*vouloir*) (**a**) être un aventurier. Il .... (*partir*) (**b**) en Amazonie, ... (*descendre*) (**c**) le fleuve en pirogue. Les Indiens l'.................................... .... (*accueillir*) (**d**) et il .... (*vivre*) (**e**) quelque temps avec eux. Il .... même .... (*apprendre*) (**f**) leur langue. Mais il .... (*ne pas rester*) (**g**). Il .... (*repartir*) (**h**) vers d'autres contrées : il .... (*traverser*) (**i**) la Mongolie à cheval, ... (*dormir*) (**j**) dans un igloo en Laponie, ... (*se baigner*) (**k**) dans le fleuve sacré du Gange, ... (*marcher*) (**l**) dans le désert du Sahara, ... (*franchir*) (**m**) la Cordillère des Andes en plein hiver, ... (*être*) (**n**) chercheur d'émeraudes en Colombie. Il .... (*parcourir*) (**o**) des milliers de kilomètres. Toutes les rencontres qu'il .... (*faire*) (**p**) l'... (*enrichir*) (**q**). Tous ces visages inconnus .... (*se graver*) (**r**) pour toujours dans sa mémoire. Mais, au soir de sa vie, il .... (*avoir*) (**s**) la nostalgie de son pays et .... (*revenir*) (**t**) dans son village natal et y .... (*mourir*) (**u**). Ni vous, ni moi n'.................................... (*savoir*) (**v**) ce qu'il avait vécu.

2. Transformez à la forme négative du conditionnel passé.

De bons souvenirs

À Paris, j'ai appris le français, j'ai vu la Joconde au Louvre, j'ai bu un chocolat chaud chez Angelina, j'ai dévoré des tonnes de croissants, je me suis assis(e) à la terrasse du *Flore*, je me suis promené(e) sur l'île Saint-Louis, j'ai découvert les Catacombes, j'ai couru dans le jardin des Tuileries, j'ai applaudi les danseurs de l'Opéra, je me suis intéressé(e) à la politique, j'ai suivi des débats télévisés, j'ai lu le *Canard Enchaîné*, je me suis amusé(e) au parc Astérix, je suis monté(e) sur les tours de Notre-Dame, j'ai pris le funiculaire de Montmartre, je me suis perdu(e) dans le métro, je suis sorti(e) dans les boîtes branchées, je me suis fait des amis, je suis tombé(e) amoureux(se), je me suis marié(e), je suis devenu(e) parisien(ne) !

Si je n'étais pas venu(e) à Paris, ...
....
....
....
....
....
....
....

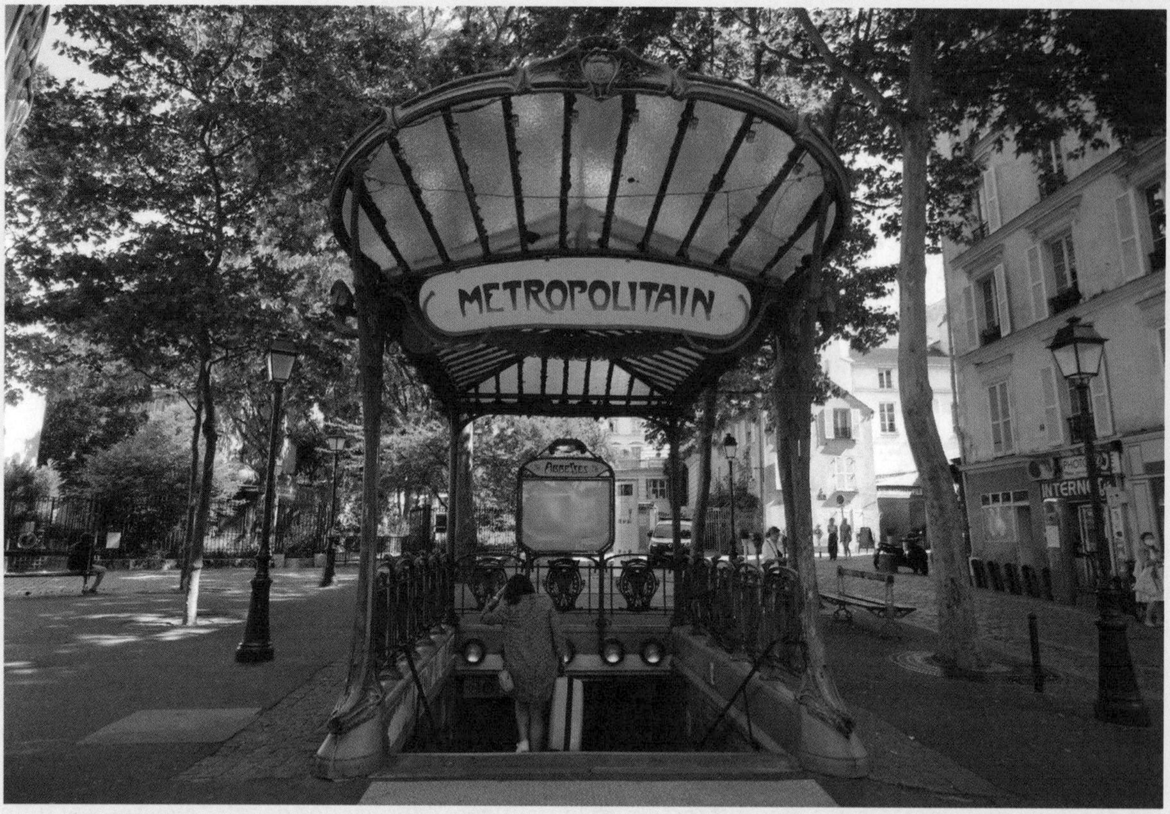
METROPOLITAIN

• Le subjonctif présent

Le subjonctif est un mode différent de l'indicatif. Il comprend deux temps, le présent et le passé, utilisés couramment et l'imparfait et le plus-que-parfait qu'on trouve surtout dans les textes littéraires. Il s'emploie après des verbes ou des expressions de volonté, d'obligation, de sentiment, de jugement et après de nombreuses conjonctions (*pour que, à condition que, avant que, sans que, bien que, quoique, jusqu'à ce que*, etc.) et parfois après des pronoms relatifs.

✋Pour employer le subjonctif, les sujets des deux verbes doivent être différents.

Je suis ravi que <u>tu</u> sois **là.**

Il peut être aussi employé seul pour exprimer un souhait ou un ordre.

Qu'ils soient **heureux ! – Qu'elle** s'en aille **!**

Les verbes *être* et *avoir*

• Le subjonctif présent des verbes *être* et *avoir*

Le présent du subjonctif des auxiliaires « être » et « avoir » est très irrégulier : il ressemble à l'impératif (excepté pour « tu » → **Aie !** = impératif → **Que tu aies.** = subjonctif).

Être → **Que je** sois, **que tu** sois, **qu'il** soit, **que nous** soyons, **que vous** soyez, **qu'ils** soient.

Avoir → **Que j'**aie, **que tu** aies, **qu'il** ait, **que nous** ayons, **que vous** ayez, **qu'ils** aient.

Notez que les 3 personnes du singulier et la 3e personne du pluriel ont la même prononciation.

---

302 **Transformez l'impératif en subjonctif.**

Exemple : Sois gentil ! → Je voudrais que tu sois gentil.

a. Ayez confiance ! → Je voudrais ....

b. Sois courageux ! → Je voudrais ....

c. Soyez positifs ! → Je voudrais ....

d. N'aie pas peur ! → Je voudrais ....

e. N'ayons pas honte ! → Je voudrais ....

f. Soyons honnêtes ! → Je voudrais ....

303 **Reliez.**

a. J'aimerais que tu
b. Ce n'est pas normal qu'il
c. Il faudrait que vous
d. Nous sommes ravis que tu
e. Quel dommage qu'ils
f. Cela serait bien qu'on
g. C'est merveilleux que nous
h. Pensez-vous qu'ils

1. aient le temps de venir ?
2. soyons ensemble !
3. ait un peu de soleil.
4. ne soient pas avec nous !
5. aies cette occasion de voyager.
6. ayez un guide pour visiter.
7. n'y ait plus personne.
8. sois là.

304 **Barrez ce qui ne convient pas et prononcez les phrases à haute voix.**

Exemple : On aimerait que tu ~~aie~~ / aies / ~~ait~~ de bonnes notes.

a. Il faut que les choses *sois / soit / soient* claires.

b. On ne pense pas qu'il *aie / aies / ait* le temps.

c. C'est possible qu'elle *sois / soit / soient* libre demain.

d. Je regrette que ce ne *sois / soit / soient* pas possible.

e. Il faudrait que j'*aie / aies / aient* ses coordonnées.

f. Il faut que je *sois / soit / soient* à la gare à midi.

g. C'est incroyable que tout le monde *sois / soit / soient* au courant.

305 **Mettez dans l'ordre.**

Exemple : ne / pas / qu' / soit / pense / Je / malhonnête. / il
→ Je ne pense pas qu'il soit malhonnête.

a. fou / C'est / il / qu' / n' / ait / y / personne !

→ ....

b. ne / pas / soient / faut / ils / absents. / Il / qu'

→ ....

c. Cela / soit / m' / étonne / cher. / ce / que

→ ....

d. qu' / aient / Dommage / ils / n' / plus / article ! / cet

→ ....

e. possible / temps. / C'est / mauvais / vous / que / ayez

→ ....

306 **Changez *nous* en *vous* et vice versa.**

Exemple : C'est drôle que nous ayons le même prénom. → C'est drôle que vous ayez le même prénom.

a. Il faudrait que vous soyez plus précis. → ....

b. Je ne crois pas que nous ayons la même opinion. → ....

c. Ils craignent que vous soyez choqués. → ....

d. Dommage que vous n'ayez pas leur adresse mail. → ....

e. C'est rare que nous soyons d'accord. → ....

f. Il est temps que nous ayons les résultats. → ....

307 Mettez au pluriel.

Exemple : Il faut qu'il ait le courage de le dire. → Il faut qu'ils aient le courage de le dire.

a. Je ne veux pas que tu aies froid. → ....

b. C'est possible qu'elle soit démotivée. → ....

c. Il est peu probable qu'il ait raison. → ....

d. C'est important que je sois à l'heure. → ....

e. Nous aimerions que tu sois là. → ....

f. Il faut que j'aie toutes les réponses. → ....

308 Transformez les phrases comme dans l'exemple.

Exemple : Vous ne devez pas <u>avoir</u> de regrets. → Il ne faut pas que vous <u>ayez</u> des regrets.

a. Ils ne doivent pas <u>être</u> agressifs. → Il ne faut pas ....

b. Je ne dois pas <u>être</u> nerveuse. → ....

c. Nous ne devons pas <u>avoir</u> honte. → ....

d. Tu ne dois pas <u>avoir</u> peur. → ....

e. Elle ne doit pas <u>être</u> inquiète. → ....

f. Vous ne devez pas <u>être</u> en retard. → ....

309 Complétez avec *être* ou *avoir* au subjonctif présent.

– C'est dommage que Cyril n'ait (**a**) pas le sens de l'humour et qu'il .... (**b**) si susceptible.

– Oui, je ne crois pas que nous .... (**c**) particulièrement durs avec lui. C'est incroyable qu'il .... (**d**) une attitude aussi agressive.

– Il faut que nous .... (**e**) patients avec lui. Il est possible qu'il .... (**f**) des problèmes familiaux. Il se peut que ses parents .... (**g**) en plein divorce et qu'il .... (**h**) perturbé.

– Je ne pense pas que ce .... (**i**) la raison.

310 Complétez avec *être* ou *avoir* au subjonctif présent.

Exemple : Vous cherchez un roman qui soit sur la liste des meilleures ventes ?

a. Je suis étonné qu'il y .... autant de nouveautés littéraires.

b. J'aimerais emporter un livre qui .... intéressant et facile à lire.

c. Voici les meilleures biographies qui .... sur cet artiste.

d. Je ne pense pas que ce .... le genre de livre que j'aime.

e. Cela m'étonne que cet auteur n'.. pas le prix Goncourt.

f. C'est important que ces ouvrages .... en vitrine pour les faire connaître.

g. C'est drôle que tu n'.. pas envie de lire de la science-fiction.

h. C'est bien que certains libraires .... le courage de promouvoir des auteurs inconnus.

311 Présent du subjonctif ou présent de l'indicatif ? Complétez avec les verbes *être* ou *avoir*.

Exemple : C'est important que nous soyons solidaires et je crois que nous le sommes.

a. Je ne pense pas qu'il .... tout jeune, je crois qu'il .... 50 ans.

b. On craint qu'ils .... les principaux suspects même s'ils .... sans doute innocents.

c. Je trouve qu'elle .... très sûre d'elle bien qu'elle .... peu d'expérience.

d. C'est certain qu'il n'y .... plus de places maintenant mais il se peut qu'il y en .... plus tard.

e. Il dit qu'on .... trois possibilités : il faut que ce .... l'une des trois.

f. Vous .... de la chance qu'ils .... tous là.

Les verbes en *-er*

• Le subjonctif présent des verbes en *-er*

Pour former le subjonctif présent, on prend la 3ᵉ personne du pluriel du présent de l'indicatif (*ils*), on supprime la terminaison « ent » pour obtenir le radical puis on ajoute les terminaisons : *-e, -es, -e, -ent*.

Ils rappell**ent** → **Que je rappelle, que tu rappelles, qu'il rappelle, qu'ils rappellent.**

Pour les verbes en *-er* (sauf « aller »), c'est identique à la forme du présent de l'indicatif pour les 3 personnes du singulier et la 3ᵉ personne du pluriel.
Pour le « nous » et le « vous » on utilise l'imparfait (le présent de l'indicatif + « i »).

Nous rappel**ons**, *vous* rappel**ez** + i → **Que nous rappelions, Que vous rappeliez.**

✋ Attention aux verbes en *-cer* et *-ger*.
Nager → *nous nageons* → **Que nous nagions.** (= pas de « e »)
Commencer → *nous commençons* → **Que nous commencions.** (= pas de cédille)

Le verbe « aller » est semi-irrégulier.
→ **Que j'aille, que tu ailles, qu'il aille, qu'ils aillent.** → irrégulier
Que nous allions, que vous alliez. → régulier

312 Répondez au subjonctif présent.

Exemple : Faut-il que nous engagions un architecte ?
→ Oui, il faut que vous engagiez un architecte.

a. Faut-il que nous discutions avec lui ?

→ Oui, il faut que vous ....

b. Faut-il que nous écoutions ses conseils ?

→ Oui, il faut que vous ....

c. Faut-il que nous examinions ses propositions ?

→ Oui, il faut que vous ....

d. Faut-il que nous calculions notre budget ?

→ Oui, il faut que vous ....

e. Faut-il que nous contactions les banques ?

→ Oui, il faut que vous ....

f. Faut-il que nous comparions les taux d'intérêt ?

→ Oui, il faut que vous ....

g. Faut-il que nous regardions attentivement les devis ?

→ Oui, il faut que vous ....

h. Faut-il que nous décidions après réflexion ?

→ Oui, il faut que vous ....

313 Conjuguez les verbes à la 3ᵉ personne du pluriel du présent de l'indicatif
et trouvez le radical du présent du subjonctif, puis le présent du subjonctif pour « je ».

Exemple : Compléter → ils complètent → complèt → que je complète

a. Modifier → .... → .... → ....

b. Lever → .... → .... → ....

c. Succéder → .... → .... → ....

d. Achever → .... → .... → ....

e. Rectifier → .... → .... → ....

f. Avouer → .... → .... → ....

g. Appuyer → .... → .... → ....

314 Complétez avec les verbes de l'exercice précédent au subjonctif présent.

Exemple : Il faut qu'ils complètent ce formulaire.

a. Je ne veux pas que tu .... tes plans.

b. Pour répondre, il faut que les élèves .... le doigt.

c. Elle ne croit pas qu'il .... à son père.

d. C'est triste qu'elle .... ainsi sa carrière.

e. J'aimerais que tu .... cette erreur.

f. C'est possible qu'il .... finalement son crime.

g. Ça marche à condition que tu .... sur ce bouton.

315 À quel temps sont les verbes soulignés ? Cochez la bonne réponse.

1. présent de l'indicatif   2. imparfait de l'indicatif   3. présent du subjonctif

Exemple : Tout allait bien tant que nous acceptions les règles.   1. ☐ 2. ☒ 3. ☐

a. Je vous voudrais que tu t'intéresses à l'actualité.   1. ☐ 2. ☐ 3. ☐

b. Il est certain qu'il progresse vraiment.   1. ☐ 2. ☐ 3. ☐

c. Je lisais pendant que vous jouiez aux cartes.   1. ☐ 2. ☐ 3. ☐

d. On aimerait que vous chantiez pour nous.   1. ☐ 2. ☐ 3. ☐

e. Il est vrai qu'ils méritent le respect.   1. ☐ 2. ☐ 3. ☐

f. Je me rappelle que nous discutions pendant des heures.   1. ☐ 2. ☐ 3. ☐

g. Il est probable que nous restions ici toute la semaine.   1. ☐ 2. ☐ 3. ☐

316 Conjuguez au présent de l'indicatif puis à l'imparfait et enfin au présent du subjonctif, comme dans l'exemple.

Exemple : Espérer → vous espérez → vous espériez → que vous espériez

a. Appeler → .... → .... → ....

b. Jeter → .... → .... → ....

c. Apprécier → .... → .... → ....

d. Gérer → .... → .... → ....

e. Évoluer → .... → .... → ....

f. Négliger → .... → .... → ....

g. Vérifier → .... → .... → ....

317 Changez l'impératif en présent du subjonctif comme dans l'exemple.

Exemple : Appelle le plombier ! → Il faut que tu appelles le plombier.

a. Enlève tes affaires de là ! → ....

b. N'exagérez pas ! → ....

c. Libère un peu de place ! → ....

d. Cédons le passage ! → ....

e. Rappelez ultérieurement ! → ....

f. Pesons le pour et le contre ! → ....

g. Justifie ton absence ! → ....

h. Étudions la question ! → ....

318 Changez le *vous* en *tu* et vice versa.

Exemple : Il vaut mieux que vous oubliiez ce cauchemar.
→ Il vaut mieux que tu oublies ce cauchemar.

a. J'accepte que vous vérifiiez les comptes.

→ ....

b. C'est mieux que vous planifiiez votre semaine.

→ ....

c. Je voudrais que tu étudies sérieusement.

→ ....

d. C'est indispensable que tu justifies tes frais.

→ ....

e. Il vaudrait mieux que vous régliez la note.

→ ....

f. J'apprécie que tu me remercies.

→ ....

319 Entourez la bonne réponse.

Exemple : Il est tard, il faut que je m'en (aille) / ailles / aillent.

a. Je ne pense pas que cette couleur t'*aille / ailles / aillent* bien.

b. Il est important que tu y *aille / ailles / aillent* en personne.

c. Que voulez-vous que j'*aille / ailles / aillent* faire là-bas ?

d. Il faut que tu *aille / ailles / aillent* voir ton frère.

e. On est très contents qu'ils *aille / ailles / aillent* mieux.

f. C'est triste qu'ils n' *aille / ailles / aillent* pas au mariage de leur fils.

320 Mettez des accents si nécessaire.

Exemple : Ce serait bien que tu congèles ce plat.

a. J'ai peur qu'elle décede dans la nuit.

b. Il est possible que nous soulevions ce problème.

c. On ne croit pas que cela reflete la réalité.

d. Il n'est pas question que nous cedions au chantage.

e. Voilà 1 000 euros pour que tu t'achetes un nouvel ordinateur.

f. C'est scandaleux qu'ils tolerent cette attitude.

g. Il vaut mieux que tu nous rappelles demain.

h. Attention ! Limite de vitesse : il ne faut pas tu accéleres.

321 Finissez les phrases comme dans l'exemple.

Exemple : Il faudrait faire en sorte que…
les voitures polluent moins. *(polluer)*

a. que les propriétaires .... le montant des loyers. *(diminuer)*

b. que le gouvernement .... la transition énergétique. *(accélérer)*

c. que nous .... les espèces animales menacées. *(protéger)*

d. que nous .... moins de gadgets inutiles. *(acheter)*

e. qu'on ne .... pas les erreurs du passé. *(répéter)*

f. que les hommes ne .... plus les femmes. *(harceler)*

g. qu'on .... les différents partis. *(réconcilier)*

322 Conjuguez le verbe *aller* au subjonctif présent.

Exemple : Je souhaite que tout aille bien.

a. Qu'ils .... au diable !

b. Où que vous ...., ça m'est égal.

c. Je ne pense pas que cette robe t' .... bien.

d. Que vous y .... ou non, peu importe.

e. Je suis contente que tu .... mieux.

f. Où voudrais-tu que nous .... ?

323 Choisissez les verbes appropriés et mettez-les au subjonctif présent.

employer – payer – renvoyer – rayer – essayer – tutoyer – nettoyer

Exemple : C'est mieux que vous payiez par carte bancaire.

a. Il ne faut pas que vous .... les commerçants.

b. Je n'aime pas que tu .... des mots vulgaires.

c. Les vitres sont sales : il faut absolument que je les ....

d. Pas besoin qu'il .... une copie de son diplôme.

e. C'est bien qu'ils .... de se représenter au concours.

f. Pas question que vous me .... de la liste !

324 Soulignez la bonne réponse puis lisez les phrases à haute voix.

Exemple : C'est extraordinaire que tu *aies* / <u>*ailles*</u> dans cette école prestigieuse.

a. Je souhaite qu'ils *aient* / *aillent* des réponses favorables.

b. Il est important que tu *aies* / *ailles* confiance en toi.

c. Quelle surprise qu'elle *aies* / *aille* passer un an en Asie !

d. On voudrait qu'il *ait* / *aille* des amis fidèles.

e. C'est urgent qu'il *ait* / *aille* voir un médecin spécialiste.

f. Dommage que je n'*aie* / *aille* pas mieux malgré le traitement.

325 Complétez au présent du subjonctif.

Apprentissage

Quand on apprend une nouvelle langue c'est normal qu'on soit *(être)* (**a**) un peu nerveux, qu'on .... *(avoir)* (**b**) peur d'être ridicule, qu'on n'.................. *(avoir)* (**c**) pas confiance en soi.

Il faut que le professeur .... *(être)* (**d**) patient et attentif et que vous .... *(avoir)* (**e**) confiance en lui. Il est indispensable que vous .... *(aller)* (**f**) régulièrement au cours et que vous .... *(travailler)* (**g**) chez vous. Il est essentiel que vous .... *(mémoriser)* (**h**) du vocabulaire, que vous .... *(répéter)* (**i**) des mots et que vous les .... *(prononcer)* (**j**) à haute voix.

Les verbes en -*ir*, -*re* et -*oir*

• Le subjonctif présent des verbes en -*ir*, -*re* et -*oir*

Comme pour les verbes en -*er*, on forme le subjonctif présent avec le radical de la 3ᵉ personne du pluriel du présent de l'indicatif (*ils*), on supprime la terminaison « ent » pour obtenir le radical puis on ajoute les terminaisons : -*e*, -*es*, -*e*, -*ent*.

Ils finiss*ent* → **Que je finiss**e**, que tu finiss**es**, qu'il finiss**e**, qu'ils finiss**ent**.**
Ils prenn*ent* → **Que je prenn**e**, que tu prenn**es**, qu'il prenn**e**, qu'ils prenn**ent**.**
Ils voi*ent* → **Que je voi**e**, que tu voi**es**, qu'il voi**e**, qu'ils voi**ent**.**

Remarque : les 3 personnes du singulier et la 3ᵉ personne du pluriel ont la même prononciation.

Pour le « nous » et le « vous » on utilise l'imparfait (le présent de l'indicatif + « i »).

Nous finiss*ons* → **Que nous finiss**i**ons.**
Nous pren*ons* → **Que nous pren**i**ons.**
Nous voy*ons* → **Que nous voy**i**ons.**

✋ Attention ! Certains verbes sont semi-irréguliers, comme « vouloir », « valoir », et d'autres totalement irréguliers, comme « faire », « pouvoir », « savoir », « falloir » et « pleuvoir ».

---

326 **Reliez. (Plusieurs possibilités.)**

a. Il vaudrait mieux que tu

b. On craint que ce flacon

c. On voudrait tant qu'il

d. Ce serait bien que vous

e. Ça m'étonnerait qu'elle

f. Ce n'est pas possible que nous

g. Je ne crois pas qu'ils

h. Il faut que j'

1. guérisse vite.

2. obtienne satisfaction.

3. réfléchisses avant d'agir.

4. ouvre la fenêtre pour aérer la pièce.

5. dormions avec ce bruit.

6. consentent à nous aider.

7. établissiez de bonnes relations.

8. contienne du poison.

327 **Dites le contraire comme dans l'exemple.**

Exemple : Je crois que vous agissez sagement.
→ Je ne crois pas que vous agissiez sagement.

a. Ils pensent que nous courons un danger.

→ ....

b. C'est sûr que vous détenez la vérité.

→ ....

c. Je pense que nous obéissons aux ordres.

→ ....

d. C'est certain que vous obtenez des résultats.

→ ....

e. Je crois que nous franchissons les limites.

→ ....

f. Il pense que vous appartenez à une élite.

→ ....

328 Mettez les verbes au présent de l'indicatif puis au subjonctif présent.

Exemple : Finir → ils finissent → que cela finisse

a. Devenir → Ils .... → qu'il ....

b. Sortir → Ils .... → que je ....

c. Investir → Ils .... → qu'ils ....

d. Appartenir → Ils .... → qu'on ....

e. Sentir → Ils .... → que tu ....

f. Accueillir → Ils .... → que j' ....

g. Découvrir → Ils .... → qu'ils ....

329 Complétez au subjonctif présent.

Formation

Vous désirez suivre une formation ? Il faut d'abord que vous alliez *(aller)* (**a**) sur Internet, que vous .... *(chercher)* (**b**) quel est votre crédit formation. Il faut ensuite que vous .... *(choisir)* (**c**) un stage qui vous .... *(convenir)* (**d**) et que vous .... *(remplir)* (**e**) une demande. Il est nécessaire que vous .... *(fournir)* (**f**) toutes les informations requises et que vous .... *(envoyer)* (**g**) votre demande au service compétent. Il faut ensuite que vous .... *(attendre)* (**h**) jusqu'à ce que vous .... *(avoir)* (**i**) la confirmation de votre inscription. Et, bien sûr, il est essentiel que vous .... *(suivre)* (**j**) assidûment votre formation.

330 Conjuguez à la 3ᵉ personne du pluriel (*ils*) du présent de l'indicatif et à la 1ʳᵉ personne du pluriel de l'imparfait (*nous*).

Exemple : Venir → ils viennent → nous venions

a. Obtenir → .... → ....

b. Tenir → .... → ....

c. Soutenir → .... → ....

d. Maintenir → .... → ....

e. Détenir → .... → ....

f. Subvenir → .... → ....

331 Complétez avec les verbes de l'exercice précédent.

Exemple : Nous sommes si heureux que vous veniez dimanche.

a. Nous faisons tout pour que vous .... satisfaction.

b. C'est normal qu'ils .... à préserver leur patrimoine.

c. Il faut que tu me .... dans cette épreuve.

d. Il veulent que nous .... ce rythme de production.

e. C'est possible qu'il .... 55 % des actions de la société.

f. Il faut qu'elle .... aux besoins d'une famille nombreuse.

332 Complétez le dialogue au subjonctif présent.

Invitation

– J'aimerais bien qu'on trouve (*trouver*) (**a**) le temps de se voir. Le plus simple est que tu ....
(*venir*) (**b**) à la maison et que nous .... (*déjeuner*) (**c**) ensemble.

– J'aimerais mieux que ce .... (*être*) (**d**) toi qui me .... (*rejoindre*) (**e**) dans mon quartier.
Ce serait une bonne occasion pour que je te .... (*faire*) (**f**) découvrir un petit bistrot sympathique
et que je t'....................... (*offrir*) (**g**) un bon repas.

– D'accord ! Avec grand plaisir !

333 Conjuguez les verbes au subjonctif présent.

Exemple : Il suffit qu'un incident survienne pour que la police intervienne. (*survenir/intervenir*)

a. Pour que les négociations ...., il faut que nous .... sur certains points.
(*aboutir/revenir*)

b. Il faut que nous .... d'un protocole avant que vous .... (*convenir/agir*)

c. Avant que l'avion ...., il faut que le pilote .... l'accord de la tour
de contrôle. (*atterrir/obtenir*)

d. Bien qu'ils .... ce candidat, il n'est pas certain qu'il .... à gagner.
(*soutenir/réussir*)

e. Avant qu'on .... ces maisons, il faut avant tout qu'on .... les occupants.
(*démolir/avertir*)

f. Il faut que nous .... notre souffle jusqu'à ce qu'ils .... au sommet
de la montagne. (*retenir/parvenir*)

334 Complétez au subjonctif présent.

Discours d'un chef d'entreprise

Messieurs, j'aimerais qu'on revienne (*revenir*) (**a**) sur ce point pour que vous ....
(*comprendre*) (**b**) mieux la situation. Il faut que nous .... (*prendre*) (**c**) tous conscience de
certaines exigences afin que nous .... (*parvenir*) (**d**) à rester compétitifs et même que nous
.... (*devenir*) (**e**) des leaders sur le marché. Il est essentiel que nous ....
(*entretenir*) (**f**) d'excellentes relations avec nos clients et que nous .... (*tenir*) (**g**) compte de
leur avis. Pour ma part, sachez que je lutterai pour que vous .... (*obtenir*) (**h**) des conditions
de travail satisfaisantes et qu'on .... (*maintenir*) (**i**) tous les emplois.

335 Soulignez la bonne réponse.

Exemple : C'est bien que tu leur fasse / <u>fasses</u> / fassent plaisir.

a. Pourvu qu'il fasse / fasses / fassent beau demain !

b. Il faut que tous fasse / fasses / fassent attention.

c. D'accord, à condition qu'elle fasse / fasses / fassent les comptes.

d. Que veux-tu que ça me fasse / fasses / fassent ?

e. Je doute qu'ils fasse / fasses / fassent bien leur travail.

f. C'est bête qu'elle fasse / fasses / fassent la tête !

336 Complétez au subjonctif présent.

Plaidoyer

Il est primordial que nous défendions *(défendre)* (**a**) la liberté d'expression et que nous ....
(réfléchir) (**b**) comment le faire. Il faudrait aussi que nous .... *(soutenir)* (**c**) des associations
qui .... *(être)* (**d**) capables de motiver les jeunes pour qu'ils .... *(croire)* (**e**) à l'avenir
et qu'ils .... *(rétablir)* (**f**) des relations de confiance avec les autres membres de la société.
Que .... *(disparaître)* (**g**) les messages de haine et que .... *(renaître)* (**h**)
l'espoir d'une meilleure entente intergénérationnelle !

337 Mettez au présent de l'indicatif puis au subjonctif présent.

Exemple : Résoudre → ils résolvent → que tu résolves

a. Apparaître → ils .... → qu'il ....
b. Apprendre → ils .... → que j'....................................
c. Répondre → ils .... → qu'elle ....
d. Atteindre → ils .... → que j'....................................
e. Rejoindre → ils .... → qu'ils ....
f. Permettre → ils .... → que tu ....

338 Mettez les verbes entre parenthèses au subjonctif présent.
Trouvez dans la liste le sentiment qui justifie l'emploi du subjonctif :
1. joie, 2. regret, 3. souhait, 4. peur, 5. surprise, 6. colère.

Conflit de génération

Le père : J'aimerais que tu baisses *(baisser)* (**a**) le son de ta chaîne. → **3**

J'ai peur que tu .... *(devenir)* (**b**) sourd. → ....

C'est incroyable que tu .... *(pouvoir)* (**c**) aimer une musique pareille. → ....

J'aimerais que tu .... *(être)* (**d**) sensible à la musique de Mozart. → ....

Le fils : Et moi, j'en ai assez que tu .... *(écouter)* (**e**) tous les jours les concertos de Mozart.
→ ....

Je regrette que tu ne .... *(vouloir)* (**f**) pas au moins essayer d'aimer ma musique. → ....

Au fait, j'ai deux billets pour le concert de Ben Harper, tu veux venir avec moi ?

Le père : Je suis très content que tu me .... *(faire)* (**g**) cette proposition. → ....

Mais deux heures de cette musique, j'ai peur que ça .... *(être)* (**h**) trop pour mes oreilles ! → ....

339 Formulez des souhaits au subjonctif comme dans l'exemple.

Exemple : Elle / partir à l'étranger → Pourvu qu'elle parte à l'étranger !

a. Vous / faire fortune → Pourvu que ....
b. Ce cadeau / lui plaire → ....
c. Mes amis / venir demain → ....
d. On / traduire ce livre → ....
e. Tu / tenir bon → ....
f. Il / prendre soin de lui → ....

340 Mettez dans l'ordre.

Exemple : est / C' / nous / qu' / inadmissible / mente. / il
→ C'est inadmissible qu'il nous mente.

a. vous / important / C' / compreniez. / est / que

→ ....

b. qu' / attendent ! / nous / ils / Pourvu

→ ....

c. Il / pas / que / faut / une / craignes / tu / ne / explication.

→ ....

d. que / Dommage / prenions / ne / train ! / le / pas / nous

→ ....

e. Il / mieux / paix. / vaut / nous / que / la / fassions

→ ....

f. bien / qu' / des / ils / précautions. / prennent / est / C'

→ ....

341 Dites le contraire en choisissant un verbe de sens opposé à celui qui est proposé.

Exemple : Il faudrait...
qu'elle entre. → qu'elle sorte.

a. qu'elle arrive vite. → ....

b. qu'on accélère. → ....

c. qu'on détruise des logements. → ....

d. qu'ils ferment les bars. → ....

e. que le ciel s'assombrisse. → ....

f. qu'on autorise l'entrée. → ....

342 Dans ces expressions figées, trouvez les verbes au subjonctif et donnez-en l'infinitif.

Exemple : Ne vous en déplaise ! → déplaire

a. Vive la liberté ! → ....

b. Advienne que pourra ! → ....

c. Sauve qui peut ! → ....

d. Vaille que vaille ! → ....

e Qu'à cela ne tienne ! → ....

f. Comprenne qui pourra ! → ....

g. Qui m'aime me suive ! → ....

h. Ainsi soit-il ! → ....

343 Donnez l'infinitif des verbes soulignés.

Exemple : Elle ne croit pas qu'il doive être présent. → devoir

a. Comment voulez-vous que je le sache ? → ....

b. Nous garderons son bébé pour qu'elle puisse se libérer. → ....

c. Il faudrait que cela <u>vaille</u> la peine ! → ....

d. Pourvu qu'il <u>pleuve</u> ! Ça arrosera le jardin. → ....

e. On décidera seuls à moins qu'il <u>faille</u> une autorisation spéciale. → ....

f. Supposons qu'il ne <u>veuille</u> pas collaborer. → ....

344 Entourez la bonne réponse.

Exemple : Crois-tu qu'elle (veuille)/ veuilles / veuillent m'aider ?

a. Bien que tu ne *veuille / veuilles / veuillent* pas y aller, tu n'as pas le choix.

b. C'est incroyable qu'ils ne *puisse / puisses / puissent* pas se décider.

c. C'est triste qu'à son âge il ne *sache / saches / sachent* pas lire.

d. Je comprends qu'elle *puisse / puisses / puissent* être traumatisée.

e. Il faut qu'ils *sache / saches / sachent* pourquoi il a dit cela.

f. On ne pense pas que ça *vaille / vailles / vaillent* la peine.

345 Vouvoyez.

Exemple : Supposons que tu viennes... Pardon ! que vous veniez.

a. Imaginons que tu y ailles... Pardon ! que vous y ....

b. On n'est pas sûr que tu puisses... Pardon ! que vous ....

c. Il n'est pas certain que tu le veuilles... Pardon ! que vous le ....

d. Il est peu problable que tu le saches... Pardon ! que vous le ....

e. D'accord ! à condition que tu viennes... Pardon ! que vous ....

f. J'accepte, pourvu que tu le fasses... Pardon ! que vous le ....

g. Pourquoi pas ? à moins que tu doives... Pardon ! que vous .... vous absenter.

h. Je doute que tu aies... Pardon ! que vous .... le temps.

346 Complétez au subjonctif présent.

Petite annonce

Nous cherchons une jeune fille fiable qui puisse *(pouvoir)* **(a)** garder deux jeunes enfants de 4 ans et 6 ans, qui .... *(être)* **(b)** libre à partir de 16 h 30, qui .... *(savoir)* **(c)** parler anglais et qui .... *(avoir)* **(d)** un peu d'expérience. Il faudra qu'elle .... *(aller)* **(e)** chercher les enfants à la sortie de l'école, qu'elle les .... *(ramener)* **(f)** à la maison, qu'elle les .... *(faire)* **(g)** goûter et qu'elle les .... *(amuser)* **(h)** jusqu'à ce que les parents .... *(rentrer)* **(i)**.

347 Tutoyez. Changez le *vous* en *tu*.

Exemple : On y va à moins que vous vouliez rester encore un peu ?
→ On y va à moins que tu veuilles rester encore un peu ?

a. C'est un cadeau pour que vous sachiez qu'on a pensé à vous.

→ ....

b. Ce n'est pas normal que vous fassiez tout le travail seul.

→ ....

c. Ils acceptent que vous ne puissiez pas apporter de garanties.

→ ....

d. Ils ont publié cet article sans que vous le sachiez.

→ ....

e. C'est normal que vous deviez donner votre accord.

→ ....

f. Que faut-il dire pour que vous vouliez nous aider ?

→ ....

348 **Mettez les verbes au subjonctif présent puis reliez.**

a. Qu'il y aille ou non, *(aller)*

b. Où que vous ...., *(aller)*

c. Quoi qu'on en ...., *(dire)*

d. Quels que .... *(être)*

e. Quoi que vous ...., *(faire)*

f. Qui que vous ...., *(être)*

g. Qu'il .... raison ou tort, *(avoir)*

1. ses défauts, il est très intelligent.

2. je vous suivrai.

3. vous êtes le bienvenu.

4. c'était un bon ami.

5. ça m'est égal.

6. on vous soutiendra.

7. ça m'est égal.

349 **Reformulez les phrases en utilisant le subjonctif et les éléments donnés entre parenthèses.**

Exemple : Nous gardons bon moral même si nous craignons une baisse de notre activité. *(bien que)*
→ Nous gardons bon moral bien que nous craignions une baisse de notre activité.

a. On doit faire une réunion lundi, sauf si vous résolvez le problème d'ici-là. *(à moins que)*

→ ....

b. Je mets une marque rouge sur le document : comme cela, vous le reconnaîtrez. *(afin que)*

→ ....

c. Je peux lui envoyer le dossier sauf si vous le transmettez vous-même. *(à moins que)*

→ ....

d. On fera ces modifications si cela en vaut vraiment la peine. *(à condition que)*

→ ....

e. Tout semble bloqué, sauf si nous convainquons notre banquier. *(à moins que)*

→ ....

f. On va essayer... même si cela me paraît irréaliste. *(bien que)*

→ ....

g. Il suffit de peu de choses et ils s'apercevront que nous sommes sincères. *(pour que)*

→ ....

350 Donnez votre opinion. Complétez avec le subjonctif présent puis reliez. (Plusieurs possibilités.)

a. C'est choquant

b. C'est inquiétant

c. C'est triste

d. Il faudrait

e. C'est dangereux

f. C'est dommage

g. C'est désagréable

1. qu'on .... des publicités dans sa boîte à lettres. (*recevoir*)

2. qu'on .... de fausses informations sur les réseaux sociaux. (*transmettre*)

3. qu'on mette des personnes âgées dans des EHPAD*. (*mettre*)

4. qu'on .... des animaux. (*vendre*)

5. qu'on .... tous au moins une langue étrangère. (*apprendre*)

6. que beaucoup d'adultes ne .... pas lire. (*savoir*)

7. qu'on n'............................. pas les bibliothèques le dimanche. (*ouvrir*)

*Établissement d'hébergement pour personnes âgées dépendantes.

Les verbes pronominaux

351 Complétez.

Exemple : On aimerait bien qu'ils se réconcilient.

a. C'est dommage que nous .... disput.. .

b. Ça m'étonnerait qu'ils .... révolt.. .

c. On serait ravis que vous .... en occup.. .

d. Ce serait bien que nous .... partag... les bénéfices.

e. Heureusement qu'elle .... entour .... de bons collaborateurs.

f. Faut-il que je .... expliqu.. une fois de plus ?

352 Mettez dans l'ordre.

Exemple : magnifique / vous / C' / retrouviez ! / est / vous / que
→ C'est magnifique que vous vous retrouviez !

a. vraiment / faut / concentre. / me / je / que / Il

→ ....

b. ils / Pourvu / ennuient / qu' / s' / ne / pas !

→ ....

c. On / ils / souhaite / ne / qu' / pas. / séparent / se

→ ....

d. elle / bizarre / C' / souvienne / s' / ne / en / pas. / est / qu'

→ ....

e. plus / nous / tutoyions. / simple / est / que / C' / nous

→ ....

f. C' / fou / il / est / ton / pas / rappelle / se / prénom / ne / qu'

→ ....

353 Transformez comme dans l'exemple.

Exemple : On est d'accord si vous vous engagez par écrit.
→ On est d'accord à condition que vous vous engagiez par écrit.

a. On le fera si vous vous comportez honnêtement.

→ On le fera à condition que ....

b. On pourra l'aider si elle se met à la recherche d'un emploi.

→ ....

c. Vous n'aurez pas de problème si tout se passe comme prévu.

→ ....

d. Nous acceptons votre dossier si vous vous inscrivez avant le 1ᵉʳ septembre.

→ ....

e. Nous pourrons participer au match si nous nous entraînons intensément.

→ ....

f. Tu feras partie du groupe si tu te calmes et si tu te disciplines.

→ ....

354 Changez à la forme négative comme dans l'exemple.

Exemple : Je pense que nous nous éloignons du sujet.
→ Je ne pense pas que nous nous éloignions du sujet.

a. Je trouve qu'il se prend pour un chef.

→ Je ne trouve pas qu'il ....

b. Je pense que vous vous connaissez.

→ Je ne pense pas que vous ....

c. Je pense que tu t'y attends.

→ Je ne pense pas que tu ....

d. Je crois qu'elle s'en rend compte.

→ Je ne crois pas qu'elle ....

e. Je suis sûre qu'ils s'écrivent tous les jours.

→ Je ne suis pas sûre qu'ils ....

f. Tu penses que nous nous trompons ?

→ Tu ne penses pas que nous .... ?

355 Complétez au subjonctif présent.

Exemple : Il faudrait qu'elle se repose bien pendant le week-end. (se reposer)

a. C'est important qu'il .... vite. (se rétablir)

b. Il ne faut pas que nous .... d'elle. (se moquer)

c. Je crains qu'elle .... de bonheur. (s'évanouir)

d. C'est une honte que vous .... ainsi. (se battre)

e. C'est normal qu'on .... d'une calculatrice. (se servir)

f. On voudrait qu'ils .... bien ici. (se sentir)

356 Changez l'impératif en subjonctif présent.

Publicité

DODO, le champion de la bonne literie vous donne quelques conseils.

Pour passer une bonne nuit, cessez toute activité, éteignez votre ordinateur ou téléphone portable puis enlevez tous ces appareils et mettez-les dans une autre pièce. Asseyez-vous sur votre lit dans votre chambre au calme, respirez calmement, rétablissez votre calme intérieur. Allongez-vous et couvrez-vous de votre couette pour avoir bien chaud. Fermez les yeux et imaginez-vous dans un lieu que vous aimez particulièrement. Endormez-vous paisiblement.

Pour passer une bonne nuit, il faut que vous cessiez toute activité, que vous ....

....

....

Il faut que vous ....

....

....

....

357 Mettez au présent de l'indicatif puis au subjonctif présent.

Exemple : S'interrompre → ils s'interrompent
→ Je ne veux pas que vous vous interrompiez constamment.

a. Se plaindre → ....

→ Il ne faut pas que vous ....

b. Se joindre → ....

→ Ce serait bien qu'ils .... à nous.

c. Se plaire → ....

→ Pas sûr que je .... dans cet environnement.

d. S'asseoir → ....

→ Pas question qu'il .... à côté du président.

e. S'éteindre → ....

→ On attend que tout ....

f. S'apercevoir → ....

→ C'est possible qu'ils .... du changement.

358 Complétez au subjonctif présent.

Plan de table

Marguerite, je suggère que vous vous placiez *(se placer)* (**a**) près de Victor pour que vous ....

(discuter) (**b**) de politique. Yvan ce serait bien que vous .... *(se mettre)* (**c**) à côté de

Charles bien que normalement il .... *(falloir)* (**d**) alterner un homme et une femme. Sacha, j'aimerais que tu .... *(s'asseoir)* (**e**) à ma droite et que Yann .... *(s'asseoir)* (**f**) à ma gauche, à moins que vous .... *(vouloir)* (**g**) être près de Victor. Oh! et puis après tout, que chacun .... *(se mettre)* (**h**) où il veut!

359 Indicatif ou subjonctif? Barrez ce qui ne convient pas.

Exemple : Il est possible que nous ~~partirons~~ / *partions* plus tôt.

a. Ils sont désolés qu'on ne leur *permet / permette* pas de participer.

b. Nous sommes ravis que ta maman *va / aille* bien.

c. C'est évident qu'il ne *veut / veuille* pas payer.

d. J'aimerais tant que tu te *souviens / souviennes* des jours heureux.

e. Croyez-vous que *c'est / ce soit* réaliste?

f. Tu sais qu'elle se *remet / remette* au piano?

g. J'espère qu'il *reviendra / revienne* bientôt.

360 Répondez aux questions en utilisant l'indicatif ou le subjonctif.

Exemple : Tu crois qu'il va revenir?
→ Je suis sûr qu'il va revenir / reviendra.

a. Tu penses qu'il fera beau demain?
→ J'espère ....

b. Vous affirmez que cette information est exacte?
→ Non, je ne suis pas sûr ....

c. Elle croit que tout finira bien?
→ Non, elle ne croit pas ....

d. Tu vois bien qu'on a encore du temps devant nous?
→ Oui, c'est vrai ....

e. Il trouve qu'on attend très longtemps.
→ Mais c'est normal ....

f. J'imagine que tu ne nous diras pas ton secret?
→ Bien sûr! Pas question ....

361 Infinitif ou subjonctif? Faites une seule phrase à partir des deux phrases.

Exemple : Nous sommes heureux. / Nous arrivons au bon moment.
→ Nous sommes heureux d'arriver au bon moment.

a. Il regrette. / Il n'est pas présent.
→ ....

b. Vous avez peur. / Il se met en colère.
→ ....

c. Elle ne veut pas. / Elle s'excuse.
→ ....

d. Je suis heureuse. / Je vous rencontre enfin.

→ ....

e. Ils sont surpris. / C'est un excellent acteur.

→ ....

f. Je souhaite. / Tout le monde va mieux.

→ ....

362 **Entourez la bonne réponse.**

Exemple : Il est impossible qu'on le *prévoit* / *prévoie.*

a. C'est le danger qu'elle *court* / *coure*.

b. Je veux que tu me *crois* / *croies*.

c. C'est la solution qu'on *exclut* / *exclue*.

d. Il faut que je te *vois* / *voie*.

e. Il serait temps que tu *conclus* / *conclues*.

f. Je sais qu'il la *revoit* / *revoie*.

363 **Complétez au subjonctif présent avec les verbes entre parenthèses.**

Exemple : Mes meilleurs vœux pour la nouvelle année ! Je souhaite que...
vous restiez en bonne santé toute l'année ! *(rester)*

a. que vous .... de beaux voyages et que vous .... de nouvelles aventures ! *(faire/vivre)*

b. que vous .... confiance dans l'avenir et que vous .... de l'avant ! *(avoir/aller)*

c. que vous .... à concrétiser vos projets ! *(réussir)*

d. que vous .... libre cours à votre créativité ! *(laisser)*

e. que vous .... de nouveaux amis ! *(se faire)*

f. que nous .... plus souvent. *(se voir)*

g. et que nous .... à la fin de l'année ! *(se retrouver)*

Bilan 9

1. Complétez avec le subjonctif présent.

C'est incroyable que tu .... (être) (**a**) de nouveau en France, que nous .... (habiter) (**b**) maintenant si près l'un de l'autre et que nous .... (pouvoir) (**c**) nous voir de nouveau ! Je ne m'attendais pas à ce que tu .... (revenir) (**d**) ainsi dans ma vie. Quelle surprise ! Je souhaite sincèrement que nous .... (redevenir) (**e**) amis et que nous .... (partager) (**f**) de bons moments ensemble, après ces longues années d'absence. À propos, il faut absolument que tu .... (réussir) (**g**) à trouver une date qui te .... (convenir) (**h**) pour qu'on .... (faire) (**i**) ce voyage dont nous avons parlé. Je ne crois pas ce .... (être) (**j**) facile, vu ton énorme charge de travail, mais je suis sûre que c'est possible pourvu que tu le .... (vouloir) (**k**). Il faut que je te .... (dire) (**l**) que je t'ai trouvé en pleine forme. Maintenant que nous nous sommes retrouvés, le plus important est que nous n'........................ (essayer) (**m**) pas de reproduire le passé mais que nous .... (se tourner) (**n**) résolument vers l'avenir. Je veux que tu .... (savoir) (**o**) que je ne t'ai jamais oublié mais il n'est plus question de passion entre nous mais plutôt d'amitié.

2. Complétez au subjonctif présent.

Sondage sur la vie quotidienne

– Trouvez-vous indispensable qu'on .... (apprendre) (**a**) une ou deux langues étrangères à l'école ? — Oui Non

– Serait-il intéressant que les élèves .... (suivre) (**b**) aussi des cours de secourisme ? — Oui Non

– Est-il normal que les étudiants .... (se servir) (**c**) d'une calculatrice pendant les examens de mathématiques ? — Oui Non

– Est-il souhaitable que tout citoyen .... (connaître) (**d**) non seulement l'histoire de son pays, mais également celle des autres pays ? — Oui Non

– Cela vous choque-t-il que les jeunes .... (lire) (**e**) beaucoup de bandes dessinées ? — Oui Non

– Pensez-vous qu'il faudrait qu'on .... (ouvrir) (**f**) les bibliothèques le dimanche ? — Oui Non

– Faudrait-il qu'on .... (mettre) (**g**) des zones piétonnes autour des écoles ? — Oui Non

– Pensez-vous que les automobilistes .... (conduire) (**h**) trop vite dans les rues ? — Oui Non

– Estimez-vous normal qu'on .... (interdire) (**i**) l'accès des jardins publics aux animaux ? — Oui Non

– Trouvez-vous normal qu'on .... (faire) (**j**) de la publicité dans les lieux publics ? — Oui Non

– Trouvez-vous désagréable qu'on .... (recevoir) (**k**) tous les jours des publicités dans sa boîte aux lettres ? — Oui Non

– Trouvez-vous choquant qu'on .... (vendre) (**l**) des animaux comme des marchandises ? — Oui Non

– Est-il regrettable que deux personnes sur trois .... (vivre) (**m**) seules ? — Oui Non

10 • Le subjonctif passé

Les verbes *être*, *avoir* et verbes en *-er*

• Le subjonctif passé

Le subjonctif passé se forme sur le passé composé. Il suffit de mettre l'auxiliaire « avoir » ou « être » au subjonctif présent.

Vous avez compris. → **Que vous** ayez compris.
Je suis parti. → **Que je** sois parti.

L'accord du participe passé suit les mêmes règles que pour le passé composé.
L'emploi est le même que pour le présent du subjonctif.
On l'utilise pour un événement antérieur à la principale.

C'est dommage qu'il ne soit **pas** venu hier.

✋ Attention ! Si les deux événements sont simultanés dans le passé, on emploie le présent du subjonctif.

J'avais peur qu'il ne soit **pas d'accord.**

---

364 **Réécrivez au passé composé.**

Exemple : Que tu aies protesté. → Tu as protesté.

a. Qu'il ait préféré. → ....

b. Que nous soyons venus. → ....

c. Que vous ayez aimé. → ....

d. Qu'ils soient partis. → ....

e. Que j'aie compris. → ....

f. Que tu sois allé. → ....

g. Qu'elle soit née. → ....

h. Que vous soyez arrivé. → ....

365 **Exprimez un sentiment ou un jugement sur un événement passé.**

Exemple : Nous avons eu une discussion un peu vive. Je suis désolée.
→ Je suis désolée que nous ayons eu une discussion un peu vive.

a. Vous avez été très critique. Nous sommes surpris.

→ ....

b. Tu n'as pas eu un mot gentil. Ça m'étonne.

→ ....

c. Ils n'ont eu aucun regret. C'est bizarre.

→ ....

d. Elle a été assez désagréable. C'est étonnant.

→ ....

e. Vous avez eu une attitude ambiguë. Je ne comprends pas.

→ ....

f. Nous avons été satisfaits. C'est normal.

→ ....

g. Tu as été accueillant. Cela m'a fait plaisir.

→ ....

h. Ils ont été reconnaissants. C'est bien.

→ ....

366 Trouvez le sujet. (Plusieurs possibilités.)

j' – tu – on – ils – elle – les touristes – nous – il

Exemple : que/qu'...
vous **ayez acheté.**

a. .... ayons accepté l'offre.

b. .... soient montés au 3ᵉ étage de la tour Eiffel.

c. .... soit tombée.

d. .... aie oublié mon passeport.

e. .... aies changé d'avis.

f. .... ait acheté ce bijou.

g. .... ne soit pas arrivé plus tôt.

h. .... aient tout fermé.

367 Reliez.

a. Mes collègues sont jaloux   **1.** que vous ne m'ayez pas informé de ce changement.

b. C'est injuste   **2.** qu'on m' ait donné une prime.

c. C'est inadmissible   **3.** qu'elle n'ait pas poursuivi ses études.

d. Pensez-vous   **4.** que tu aies trouvé l'homme de ta vie.

e. J'ai peur   **5.** qu'il lui soit arrivé quelque chose.

f. C'est dommage   **6.** qu'elle soit retournée dans son pays ?

g. Je suis ravie   **7.** que vous ayez dû payer à sa place.

368 Réécrivez au subjonctif passé.

Exemple : Je suis sûr qu'il a eu un empêchement.
→ J'ai peur qu'il ait eu un empêchement.

a. C'est vrai que tu as demandé ta mutation ?

→ Comment se fait-il que tu .... ?

b. Tu penses qu'il a accepté mon offre ?

→ Je ne pense pas qu'il ....

c. Vous croyez qu'ils ont été choqués ?

→ C'est possible qu'ils ....

d. J'espère que nous avons acheté un bon produit.

→ Il n'est pas certain que nous ....

e. Ils sont convaincus que vous avez bien étudié le sujet.

→ Ils doutent que vous ....

f. Je vois que tu as été souvent absent ce mois-ci.

→ Je trouve anormal que tu ....

g. Elle sait que nous avons passé beaucoup de temps sur ce projet.

→ Elle est étonnée que nous ....

369 Complétez au subjonctif passé.

Exemple : Quel dommage...
que tu aies arrêté le sport ! *(arrêter)*

a. que vous .... trop tard ! *(arriver)*

b. qu'il n'........................ pas .... là pour nous aider ! *(être)*

c. que nous n'........................ pas .... l'approbation de l'architecte ! *(avoir)*

d. qu'on nous .... le permis de construire ! *(refuser)*

e. que je .... sur un plombier incompétent ! *(tomber)*

f. qu'elle ne .... pas .... à Versailles ! *(aller)*

g. que les élèves n'........................ pas .... ! *(progresser)*

370 Barrez ce qui ne convient pas.

Exemple : C'est gentil que tu ~~aies~~ / sois passée nous voir.

a. Je doute que le facteur *soit / ait* déjà passé.

b. J'ai peur qu'il *soit / ait* arrivé quelque chose de grave.

c. C'est dangereux que vous *ayez / soyez* descendu l'escalier à toute vitesse.

d. C'est bien que nous *ayons / soyons* monté notre propre entreprise.

e. C'est dommage qu'ils *aient / soient* passé de mauvaises vacances.

f. Je ne suis pas contente que tu *sois / aies* sortie seule la nuit.

371 Reformulez la phrase comme dans l'exemple.

Exemple : Tu n'as pas encore eu de réponse. C'est normal.
→ C'est normal que tu n'aies pas encore eu de réponse.

a. L'entreprise a licencié beaucoup d'employés. Les syndicats n'acceptent pas.

→ ....

b. Vous ne m'avez jamais envoyé de facture. C'est bizarre.

→ ....

c. Elle ne m'a pas appelé depuis trois mois. Je ne comprends pas.

→ ....

d. Il n'a plus jamais donné signe de vie. C'est incompréhensible.

→ ....

e. Vous n'avez jamais été malade. C'est incroyable.

→ ....

f. Nous n'avons pas récupéré notre caution. C'est injuste.

→ ....

372 **Complétez avec les verbes de la liste au subjonctif passé.**

arriver – trouver – avoir – être – inviter – refuser – passer – monter

Exemple : Je crains qu'il lui soit arrivé un malheur.

a. Il n'est pas normal qu'il n'y .... pas encore .... de loi contre le réchauffement climatique.

b. Je regrette que mes voisins ne m'... .

c. C'est mieux que vous .... par ce chemin.

d. C'est incroyable qu'ils .... de m'aider.

e. Je ne crois pas que vous .... sur le Mont Blanc.

f. Je ne pense pas que tu .... le bon résultat.

g. On a peur qu'il .... très choqué.

Les verbes en *-ir*, *-re* et *-oir*

373 **Mettez au passé composé puis au subjonctif passé.**

Exemple : Tu reconnais tes erreurs.
→ Tu as reconnu tes erreurs.
→ C'est bien que tu aies reconnu tes erreurs.

a. Ça me plaît beaucoup.

→ ....

→ C'est étonnant que ça ....

b. Vous le connaissez.

→ ....

→ Quel dommage que vous ne .... pas ....

c. Le TGV met seulement deux heures pour aller à Bordeaux.

→ ....

→ C'est incroyable que le TGV ....

d. Ils acquièrent de l'expérience.

→ ....

→ C'est normal qu'ils ....

e. On débat souvent sur ce sujet.

→ ....

→ Il semble qu'on ....

f. Tu nous rejoins sur ce point.

→ ....

→ J'apprécie que tu ....

374 Changez le *tu* en *vous* et vice versa.

Exemple : Je suis soulagé que tu aies trouvé un travail.
→ Je suis soulagé que vous ayez trouvé un travail.

a. Je suis contente que tu aies fini ton projet.

→ ....

b. Je suis désolé que tu n'aies pas réussi le concours.

→ ....

c. C'est bien que vous ayez toujours combattu l'injustice.

→ ....

d. J'ai peur que tu aies mal compris mes intentions.

→ ....

e. Je regrette que vous m'ayez attendu si longtemps.

→ ....

f. C'est une chance que tu aies trouvé la solution.

→ ....

375 Mettez les verbes au subjonctif passé puis reliez. (Plusieurs possibilités.)

a. C'est préférable   **1.** qu'on ne m'................ pas .... (*prévenir*)
b. Pourvu   **2.** que nous .... bien .... le contrat avant de signer. (*relire*)
c. Il est inadmissible   **3.** qu'il l'.. ou non. (*dire*)
d. Peu importe   **4.** qu'ils .... (*se séparer*)
e. Je suis heureuse   **5.** qu'elle n'................ pas .... d'accident. (*avoir*)
f. Il faudra   **6.** que tu aies enfin reçu ton visa. (*recevoir*)
g. Ce n'est pas normal   **7.** qu'on n'................ jamais .... (*répondre*)

376 Contestez ce qui est affirmé avec la négation et le subjonctif passé.

Exemple : Je crois que nous avons eu tort.
→ Moi, je ne crois pas que nous ayons eu tort.

a. Je pense qu'ils sont tous allés là-bas.

→ ....

b. Je crois qu'il est venu hier.

→ ....

c. Je suis sûr qu'il a fallu encore attendre.

→ ....

d. Je pense qu'il a pu la joindre au téléphone.

→ ....

e. Je suis convaincu qu'il a voulu seulement nous aider.

→ ....

f. Je pense que nous avons eu raison.

→ ....

g. J'ai l'impression que tout le monde l'a su.

→ ....

h. Je crois qu'ils ont dû émigrer.

→ ....

377 **Mettez dans l'ordre.**

Exemple : ils / le / confirmé / Attendez / qu' / aient / rendez-vous.
→ Attendez qu'ils aient confirmé le rendez-vous.

a. incompréhensible / aie / C' / que / vu / danger. / est / n' / pas / je / le

→ ....

b. qu' / soit / ne / Pourvu / arrivé. / il / lui / rien

→ ....

c. surprise / ils / avec / Quelle / nous. / contact / repris / qu' / aient

→ ....

d. possible / sous-estimé. / Il / nous / est / ayons / l' / que

→ ....

e. mon / Je / que / message. / doute / tu / compris / aies

→ ....

f. elle / C' / devenue / grande / est / une / incroyable / soit / qu' / sportive.

→ ....

378 **Mettez les verbes au subjonctif passé puis reliez.**

a. Mes parents ne comprennent pas

b. Le propriétaire est furieux

c. Mon docteur regrette

d. L'administration des impôts doute

e. Le ministre de la santé regrette

f. Avec la crise, il n'est pas étonnant

g. Au dernier trimestre, il semble

1. qu'on .... de bons résultats. (*obtenir*)

2. que le chômage .... un niveau élevé. (*atteindre*)

3. qu'il .... en compte tous ses revenus. (*prendre*)

4. que j'aie interrompu mon traitement. (*interrompre*)

5. que le locataire .... les murs en rouge. (*peindre*)

6. que les Français n'.............. pas ....
ses recommandations. (*suivre*)

7. que je .... vivre avec mon petit ami. (*partir*)

379 **Mettez les verbes au subjonctif passé ou au passé composé puis reliez.**

a. C'est regrettable que si peu de gens aient rejoint la manifestation. (*rejoindre*)

b. C'est une grande surprise que nous .... cet Oscar. (*obtenir*)

c. Il est indéniable que mon client n'........... pas .... ce crime. (*commettre*)

d. Je suis sûr que vous .... tout .... pendant les vacances. (*oublier*)

e. Tu penses qu'un monstre .... dans ma chambre ? (*entrer*)

f. Il faut que vous .... ce rapport avant la fin de la semaine. (*finir*)

g. J'ai eu peur que le bébé .... de sa chaise. (*tomber*)

1. Une mère.

2. Un syndicaliste.

3. Un professeur.

4. Un enfant.

5. Un avocat.

6. Un manager.

7. Un réalisateur.

380 Mettez au subjonctif passé ou au passé composé.

Exemple : Il a pris confiance en lui. On voit. / C'est bien.
→ On voit qu'il a pris confiance en lui.
→ C'est bien qu'il ait pris confiance en lui.

a. Elle est partie en Italie. C'est possible. / On pense.

→ ....

→ ....

b. Il est revenu. Tu crois ? / Je doute.

→ ....

→ ....

c. Tu as atteint un bon niveau. Le professeur est heureux. / Il pense.

→ ....

→ ....

d. J'ai déçu mes amis. C'est évident. / C'est triste.

→ ....

→ ....

e. Vous avez perdu beaucoup de temps. C'est regrettable. / C'est sûr.

→ ....

→ ....

f. Tu as reconnu ton erreur. C'est bien. / J'espère.

→ ....

→ ....

g. Ils ont souffert de la chaleur. On craint. / C'est probable.

→ ....

→ ....

381 Mettez au subjonctif présent ou passé.

Vengeance

Dans un restaurant, un homme s'approcha de la jeune femme à la table voisine et lui demanda : « Vous permettez que je prenne (*prendre*) (**a**) la moutarde ? »

Contre toute attente, elle se mit à hurler : « C'est honteux que vous me .... (*proposer*) (**b**) une chose pareille ». L'homme rougit et lui dit : « J'ai peur que vous .... mal .... (*entendre*) (**c**). Je voudrais seulement que vous me .... (*prêter*) (**d**) la moutarde ».

Honteux, il retourna à sa place. Après le dessert, la jeune femme vint vers lui et murmura à l'oreille : « Je regrette vraiment que vous .... (*subir*) (**e**) cette agression. Je comprends que vous .... (*être*) (**f**) très choqué de mon attitude. Il serait normal que vous m'en .... (*vouloir*) (**g**). Je suis sociologue et je fais une thèse sur la réaction des gens dans une situation embarrassante. »

Alors, l'homme se leva et hurla : « Comment est-il possible qu'une jeune femme si distinguée .... (*faire*) (**h**) une telle proposition à un homme marié ? ».

Les verbes pronominaux

382 **Complétez avec les verbes entre parenthèses au subjonctif passé.**

Exemple : Tout le monde est soulagé qu'ils se soient réconciliés. *(se réconcilier)*

a. Quelle surprise que vous .... après tant d'années. *(se retrouver)*

b. Je ne pense pas qu'il .... bien .... avec sa belle-mère. *(s'entendre)*

c. Pourvu que nos invités .... bien .... chez nous ! *(se plaire)*

d. Il est regrettable que nous .... mal .... *(se comprendre)*

e. C'est dommage que tu ne .... pas .... au même club que moi. *(s'inscrire)*

f. C'est incroyable qu'il .... de mon nom. *(se souvenir)*

g. Je ne pense pas qu'on .... déjà .... *(se voir)*

h. Je doute qu'il .... dans ses calculs. *(se tromper)*

383 **Mettez dans l'ordre.**

Exemple : C' / tu / lui / cette / faire / est / remarque. / étonnant / que / permis / te / de / sois
→ C'est étonnant que tu te sois permis de lui faire cette remarque.

a. ne / que / Il / énervée. / sois / je / pas / comprend / me

→ ....

b. Il / cet / inadmissible / que / élève / soit / est / conduit / ainsi. / se

→ ....

c. bien / C' / elle / se / sport. / soit / au / remise / qu' / est

→ ....

d. accord / faudra / vous / mis / sur / Il / que / vous / prix. / le / soyez / d'

→ ....

e. dommage / pour / se / battus / gagner. / C' / soient / est / qu' / ne / pas / ils

→ ....

384 **Complétez au subjonctif passé.**

Exemple : Quelle chance qu'ils se soient rencontrés et qu'ils se soient bien entendus. *(se rencontrer/s'entendre)*

a. Quel dommage qu'il ne .... pas .... à la fac et qu'il .... d'étudier.
   (s'inscrire/s'arrêter)

b. Quel bonheur qu'il .... et qu'il .... au sport *(se rétablir/se remettre)*

c. Quel malheur que vous .... et que vous .... la jambe. *(tomber/se casser)*

d. Quelle malchance que nous .... et que nous .... *(se disputer/se séparer)*

e. Quelle coïncidence qu'ils .... et qu'ils .... *(se retrouver/se plaire)*

f. Quelle honte que tu .... de mentir et que tu ne .... pas ....
   (se permettre/s'excuser)

385 Mettez au subjonctif passé.

Conseils avant de courir un marathon

Il est obligatoire que vous ayez fait *(faire)* **(a)** un check-up avec votre médecin, que vous ....
régulièrement .... *(s'entraîner)* **(b)** pendant plusieurs mois, que vous .... bien
.... *(se nourrir)* **(c)** pendant votre préparation, que vous .... *(acquérir)* **(d)** un bon
mental. Il est préférable que vous .... *(s'acheter)* **(e)** de bonnes chaussures de
course, que le jour J vous .... *(prendre)* **(f)** un petit-déjeuner riche en glucides, que vous
.... suffisamment .... *(dormir)* **(g)**. Avant de participer à un marathon, il vaudrait mieux que
vous .... déjà .... *(courir)* **(h)** un semi-marathon et que vous ....
(se préparer) **(i)** à l'idée qu'il est probable que vous n'arriverez pas premier. L'essentiel est de participer !

386 Mettez au subjonctif passé.

Exemple : C'est bien que vous ne vous soyez pas inquiété. *(ne pas s'inquiéter)*

a. Je ne pense pas que vous .... bien .... *(se conduire)*

b. C'est possible qu'elle .... d'heure. *(se tromper)*

c. C'est dommage qu'ils .... *(ne pas s'entendre)*

d. Je suis soulagé que vous .... vite .... *(se rétablir)*

e. C'est une chance que nous .... à temps du danger. *(s'apercevoir)*

f. Il est impossible que cela .... mal .... *(se passer)*

387 Transformez les phrases comme dans l'exemple.

Exemple : Il s'est habitué à sa nouvelle vie. *(pas encore)*
→ C'est dommage qu'il ne se soit pas encore habitué à sa nouvelle vie.

a. Tu t'es occupé de l'organisation du séminaire. *(ne... pas)*
→ C'est mieux que ....

b. On s'est écrit régulièrement. *(ne... plus)*
→ Je regrette qu'on ....

c. Vous vous êtes plaint à votre chef ? *(pas encore)*
→ C'est étonnant que vous ne ....

d. Je me suis intéressé au foot. *(ne... jamais)*
→ Ça l'énerve que je ....

e. Ils se sont parlé. *(ne... plus jamais)*
→ Je ne comprends pas qu'ils ....

f. Vous avez osé le contredire. *(ne... pas)*
→ C'est incroyable que vous ....

388 Complétez au subjonctif passé.

Exemple : Il se peut que d'ici la fin de ce siècle la moitié des langues de la planète ait disparu. *(disparaître)*

a. Il est regrettable que la langue française .... un déclin depuis le début du XXᵉ siècle.
   (connaître)

b. C'est étrange que l'Espéranto .... plus de succès dans le monde. *(ne pas obtenir)*

c. C'est paradoxal que certains pays .... la langue des colonisateurs

bien qu'ils .... leur indépendance. *(maintenir/conquérir)*

d. C'est admirable que les sourds-muets .... une langue qui leur est propre. *(concevoir)*

e. C'est étonnant qu'on .... toujours .... l'énigme de la langue basque,

l'euskera. *(ne pas résoudre)*

f. Il semblerait qu'on .... une parenté lointaine entre le burushaski

(du nord du Cachemire) et l'euskera. *(établir)*

g. Certains linguistes émettent l'hypothèse que des peuples parlant l'indo-européen ....

l'Europe. *(envahir)*

h. Il se peut que les locuteurs de langues méditerranéennes .... alors ....

dans des vallées isolées. *(vivre)*

389 Mettez au passé composé et changez à la forme négative.

Exemple : Je pense que ça a été une bonne idée. *(être)*
→ Je ne pense pas que ça ait été une bonne idée.

a. Il est sûr que tout .... bien .... *(se passer)*

→ ....

b. Je crois qu'on .... le bout du tunnel. *(atteindre)*

→ ....

c. Vous pensez qu'ils .... suffisamment .... ? *(réfléchir)*

→ ....

d. Ses parents croient qu'il .... *(s'enfuir)*

→ ....

e. Nous trouvons qu'elle .... en anglais. *(s'améliorer)*

→ ....

f. Ils croient que je .... à la vie parisienne. *(s'habituer)*

→ ....

g. Nous sommes certains qu'ils .... de nous. *(se plaindre)*

→ ....

390 Mettez au subjonctif passé pour souligner le caractère exceptionnel de l'événement.

Exemple : C'est la meilleure chose qui me soit arrivé. *(arriver)*

a. C'est la pire aventure que nous .... *(vivre)*

b. Victor Hugo est le plus grand poète que la France .... *(connaître)*

c. C'est la seule maison où elle .... *(se plaire)*

d. C'est le meilleur livre que j'.......................... jamais .... *(lire)*

e. C'est l'unique homme qu'elle .... jamais .... *(aimer)*

f. C'est le pire film qu'ils .... jamais .... *(voir)*

391 **Barrez ce qui ne convient pas.**

Exemple : *Je doute / ~~Je me doute~~* qu'il ait réussi.

a. *Je ne pense pas / Je pense* que ça soit possible.

b. *Il trouve dommage / Il trouve* que je n'aie pas assez étudié.

c. *C'est probable / C'est peu probable* qu'ils ont conclu un accord.

d. *Il semble / Il me semble* que tu aies mal compris ma pensée.

e. *J'espère / J'aimerais* que vous avez fini ce que je vous ai demandé de faire.

f. *Je trouve incroyable / Je trouve* que vous n'avez pas changé depuis la dernière fois.

392 **Complétez au subjonctif passé ou au passé composé.**

Exemple : Il espère que j'ai fait le bon choix. *(faire)*

a. Je comprends que tu .... arrêter cette relation. *(vouloir)*

b. Il est évident que vous n'.............. pas encore .... suffisamment d'expérience. *(acquérir)*

c. Ses collègues se doutent qu'il .... sa démission. *(donner)*

d. Nous sommes heureux qu'il .... ses parents de le laisser prendre son indépendance. *(convaincre)*

e. Je suppose que tu .... meilleur que moi en informatique. *(devenir)*

f. Ses enfants ne comprennent pas qu'il .... de cette façon. *(réagir)*

g. Elle se doute que ses amis lui .... une surprise. *(préparer)*

393 **Mettez au subjonctif passé ou au passé composé puis reliez.**

Ce qu'elle dit...

a. C'est normal que tu aies obtenu ce poste à responsabilité. *(obtenir)*

b. Nous avons regretté que tu ne .... pas .... à notre fête. *(venir)*

c. C'est magnifique que tu .... l'homme de ta vie. *(trouver)*

d. Je constate que tu .... en anglais. *(s'améliorer)*

e. On est heureux que tu .... chez nous. *(se plaire)*

f. Je trouve super que tu .... à avoir ton permis de conduire. *(réussir)*

Ce qu'elle pense...

1. Quel dommage qu'elle n'................ pas .... son accent français. *(perdre)*

2. C'est une chance qu'elle ne .... pas .... de mon invitation. *(se souvenir)*

3. Je pense qu'elle l'a eu par piston. *(avoir)*

4. Quel soulagement qu'elle .... enfin .... *(partir)*

5. J'espère qu'il ne .... pas .... compte de son caractère difficile. *(se rendre)*

6. Je crois qu'elle .... prendre un grand nombre de leçons de conduite. *(devoir)*

394 **Complétez au subjonctif passé.**

Exemple : Bien qu'elle ait fêté ses 90 ans, elle est en bonne forme. *(fêter)*

a. Ils viendront en France à condition qu'ils .... une bonne école pour leur fils. *(trouver)*

b. Vous devez répéter ce mot jusqu'à ce que vous l'.. . *(retenir)*

c. Avant qu'elle .... le temps de réagir, elle s'est retrouvée dehors. *(avoir)*

d. L'entreprise va fermer à moins que les employés .... d'accord pour la gérer eux-mêmes. *(se mettre)*

e. Le vendeur m'a fait une remise sans que je lui .... *(demander)*

f. En attendant que le plombier .... le lave-vaisselle, on lave la vaisselle à la main. *(réparer)*

g. Je lui ai rappelé son rendez-vous de peur qu'elle ne s'en .... pas .... *(souvenir)*

395 Mettez les verbes au passé composé ou au subjonctif passé.

Exemple : Dès qu'il est devenu majeur, il a quitté la maison familiale. *(devenir)*

a. On lui a volé son portefeuille sans qu'il s'en .... *(s'apercevoir)*

b. Vous pouvez aller en Chine à condition que vous .... le vaccin contre la fièvre jaune. *(recevoir)*

c. Tant qu'il ne .... pas ...., je ne lui adresse plus la parole. *(s'excuser)*

d. Il a cherché jusqu'à ce qu'il .... le problème. *(résoudre)*

e. Après que les invités ...., j'ai fait la vaisselle. *(partir)*

f. Dès qu'il ...., il .... *(se réveiller/se lever)*

g. Bien qu'elle n'............... jamais .... de cours, elle joue très bien de la guitare. *(prendre)*

396 Transformez comme dans l'exemple.

Exemple : Avant de participer à une compétition, il faut vous entraîner.
→ Il faut que vous vous soyez entraîné.

a. Avant de choisir une profession, il vaut mieux vous renseigner.

→ ....

b. Avant de faire une randonnée en montagne, il est indispensable de bien vous préparer.

→ ....

c. Avant de commencer un régime, il est préférable d'obtenir l'accord de votre médecin.

→ ....

d. Avant de bien parler une langue, il faut acquérir un vocabulaire suffisant.

→ ....

e. Avant de passer dans la classe supérieure, il est indispensable d'atteindre le niveau requis.

→ ....

f. Avant de présenter votre thèse, il faut la soumettre à votre directeur de thèse.

→ ....

397 Mettez les verbes au subjonctif passé ou au passé composé.

Exemple : Je lui ai rappelé notre anniversaire de mariage de peur qu'il l'ait oublié. *(oublier)*

a. La grève a duré un mois sans que les syndicats et le ministre .... trouver un accord. *(pouvoir)*

b. Dès que nous .... compte de notre erreur, nous l'avons rectifiée. *(se rendre)*

c. Avant que j'... la bouche, mon collègue a pris la parole. *(ouvrir)*

d. Quoi qu'ils .... , je leur pardonne. *(faire)*

e. Bien que la loi .... toute discrimination, elle continue d'exister. *(interdire)*

f. Quels que .... ses arguments, il ne m'a pas convaincu. *(être)*

g. Après qu'on .... la notice, c'est plus facile de comprendre le fonctionnement de l'appareil. *(lire)*

h. Tant que le président n'................. pas .... les mesures nécessaires, la situation ne s'est pas améliorée. *(prendre)*

398 Subjonctif passé ou passé composé ? Complétez.

Exemple : Il est faux qu'Einstein ait été un mauvais élève. (*être*)

a. Il est vrai que Pythagore n'................. pas .... le théorème de Pythagore. (*découvrir*)

b. Peu de gens savent que César n'.............. jamais .... empereur. (*devenir*)

c. Il est impossible que la momie de Toutankhamon .... la mort de nombreux archéologues. (*causer*)

d. Il est invraisemblable que les Gaulois ne .... que de sangliers. (*se nourrir*)

e. Il n'est pas vrai que Charlemagne .... l'école. (*inventer*)

f. Il est certain que Napoléon .... lui-même empereur. (*se couronner*)

399 Transformez les phrases affirmatives en interrogatives en changeant *je* en *vous*.

Exemple : Je trouve qu'ils ont fait du bon travail.
→ Trouvez-vous qu'ils aient fait du bon travail ?

a. Je crois qu'il ne s'est pas rendu compte de l'ampleur de la tâche.

→ ....

b. Je pense qu'elle a eu tort.

→ ....

c. J'ai l'impression qu'ils se sont bien entendus.

→ ....

d. Je trouve que nous avons bien progressé.

→ ....

e. J'estime que j'ai fait de mon mieux.

→ ....

f. Je suis sûr que ça a été une bonne idée.

→ ....

400 Barrez l'expression qui n'est pas possible avant la phrase subordonnée.

Exemple : *C'est peu probable* / ~~*Il est indéniable*~~ / *C'est impossible* / *C'est incroyable* que ça se soit passé comme ça.

a. *On doute* / *Il est inimaginable* / *On suppose* / *On ne pense pas* qu'il ait commis ce crime.

b. *Vous pensez* / *Il est peu probable* / *On doute* / *C'est impossible* qu'il ait disparu à tout jamais.

c. *Pourvu* / *J'espère* / *Je crois* / *C'est certain* qu'ils ne se sont pas perdus.

d. *Je trouve étonnant* / *C'est surprenant* / *Je pense* / *C'est incroyable* que ce film ait eu du succès.

e. *C'est dommage* / *J'admets* / *C'est vrai* / *Je sais* que je me suis trompé.

f. *C'est dommage* / *C'est possible* / *Je vois* / *Je ne crois pas* qu'ils se soient détestés.

401 Transformez comme dans l'exemple et mettez au subjonctif présent ou passé.

Exemple : Les élèves ont tout oublié pendant les vacances. Les professeurs s'y attendent.
→ Les professeurs s'attendent à ce que les élèves aient tout oublié pendant les vacances.

a. Les enfants ont fait leurs devoirs avant de jouer. Les parents y veillent.

→ ....

b. Elle ne prévoit jamais rien pour le dîner. Son mari y est habitué.

→ ....

c. Son collègue s'investit dans ce projet. Le manager y veille.

→ ....

d. Le locataire doit être parti avant la fin du mois. Le propriétaire y tient.

→ ....

e. Les participants ont bien compris les consignes. Le formateur y veille.

→ ....

f. Mes amis m'ont préparé une surprise. Je ne m'y attendais pas.

→ ....

402 **Reliez.**

a. Quel soulagement

b. Supposons

c. Quelle chance

d. J'espère

e. C'est étonnant

f. C'est évident

g. Ça m'a rendu folle

1. que tout le monde ait répondu à notre invitation, nous aurions été plus de cent.

2 qu'il ait raté son vol, il a échappé au crash.

3. que je ne vous ai pas dérangé.

4. qu'il n'a pas fait d'efforts pour s'améliorer.

5. qu'il ait fallu tout recommencer.

6. qu'ils se soient enfin mis d'accord.

7. qu'elle se soit tue pendant tout le repas.

403 **Complétez au subjonctif présent ou passé ou au passé composé avec les verbes proposés.**

s'endormir – corrompre – se battre – omettre – s'asseoir – requérir – se sentir – atteindre

Exemple : C'est regrettable qu'ils n'aient pas atteint leurs objectifs.

a. J'espère qu'il ne .... à côté de toi pour te parler de ses malheurs.

b. Ce n'est pas possible que tu .... devant un thriller.

c. Est-ce normal que vous .... de m'informer de ce changement ?

d. Il est probable qu'on .... pour rien.

e. Comment se fait-il que le procureur n'... que 5 ans de prison ?

f. Je ne pense pas que tu .... à l'aise pendant ton entretien.

g. Je crois que ses mauvaises fréquentations l'... .

Bilan 10

1. Complétez au subjonctif présent ou passé ou au passé composé.

Lettre de rupture

C'est un miracle que nous .... (*réussir*) (**a**) à vivre sous le même toit pendant 30 ans. Il est vrai qu'avec tes nombreuses occupations nous n'........................ (*vivre*) (**b**) en fait que très peu de temps ensemble.

Il est certain que la routine n'............... pas .... (*pouvoir*) (**c**) s'installer dans notre couple ! C'est étonnant, je dirais même hallucinant que tu ne .... pas .... (*se rendre*) (**d**) compte que je .... (*se sentir*) (**e**) extrêmement seule. Trouves-tu normal que tu .... (*consacrer*) (**f**) plus de temps à ton travail qu'à ta famille ? Quelle tristesse que tu n'............ pas .... (*voir*) (**g**) grandir tes enfants ! Quel dommage qu'ils .... (*avoir*) (**h**) l'impression d'avoir un père fantôme ! Bien que je t'........................ (*prévenir*) (**i**) à de nombreuses reprises que cette situation ne pouvait plus durer, tu n'as pas changé de comportement et, petit à petit, sans que tu t'en .... (*apercevoir*) (**j**), notre relation .... (*se dégrader*) (**k**). Il est évident que cette vie t'........ toujours .... (*convenir*) (**l**). Avant qu'il ne .... (*être*) (**m**) trop tard, il vaut mieux que nous .... (*se séparer*) (**n**). J'espère que je .... (*s'exprimer*) (**o**) clairement et que tu .... (*comprendre*) (**p**) qu'il fallait tourner la page. C'est triste que notre histoire .... (*finir*) (**q**) ainsi mais c'est mieux qu'on .... (*cesser*) (**r**) de se déchirer.

PS : Je pense qu'il est préférable que tu .... (*lire*) (**s**) cette lettre avant que mon avocat t'................ (*envoyer*) (**t**) la sienne.

2. Complétez en mettant les verbes entre parenthèses au subjonctif passé.

Protestation

Il est scandaleux qu'on ne nous .... pas .... (*consulter*) (**a**) sur le projet d'installation de ce nouvel aéroport près de chez nous. Comment se fait-il qu'on .... (*ne pas réunir*) (**b**) le conseil municipal et que nous n'................................. (*apprendre*) (**c**) la nouvelle que par la presse. Vous trouvez normal qu'on .... déjà .... (*prévoir*) (**d**) l'expropriation de certains habitants sans qu'on ne leur .... même .... (*demander*) (**e**) leur avis ? Je ne peux pas croire que tout .... (*se décider*) (**f**) dans notre dos et qu'on ne nous .... rien .... (*dire*) (**g**) ! C'est vraiment insultant qu'on ne nous .... absolument pas .... (*tenir*) (**h**) au courant des événements et qu'on .... (*vouloir*) (**i**) nous exclure de la discussion. Mais c'est bien que nous .... (*réagir*) (**j**) et que nous .... (*créer*) (**k**) cette association. Nous sommes heureux que notre maire, conscient de ses négligences passées, ... (*se rallier*) (**l**) à notre cause et qu'il .... (*venir*) (**m**) dialoguer avec nous aujourd'hui... Je lui laisse la parole...

11 • L'infinitif

— • L'infinitif —

L'infinitif est un mode. C'est la forme non conjuguée du verbe et il comprend deux temps : le présent et le passé. La terminaison de l'infinitif peut être :

-*er* (verbes dits du 1ᵉʳ groupe) → **Aller** ;
-*ir* (certains verbes du 2ᵉ groupe et d'autres du 3ᵉ groupe) → **Finir** – **Partir** ;
-*re* et -*oir* (verbes du 3ᵉ groupe) → **Prendre** – **Savoir**.

L'infinitif s'utilise après un verbe conjugué ou une préposition.

Il **aimerait** **pouvoir** **réussir** **sans** travailler.

Il peut être aussi le sujet d'une phrase.

Partir **c'est mourir un peu.**

L'infinitif présent (rappel)

404 Soulignez les infinitifs.

Exemple : Mieux vaut prévenir que guérir.

a. Donner c'est donner, reprendre c'est voler.

b. Quand le vin est tiré, il faut le boire.

c. Rien ne sert de courir, il faut partir à point.

d. Il faut manger pour vivre et non vivre pour manger.

e. L'important c'est de participer.

f. Il faut battre le fer quand il est chaud.

405 Transformez l'impératif : utiliser *il faut* suivi de l'infinitif présent.

Exemple : Poursuivez vos recherches ! → Il faut poursuivre vos recherches.

a. Convenons d'un rendez-vous ! → ....

b. Concluez rapidement ! → ....

c. Abolissons les frontières ! → ....

d. Tiens bon ! → ....

e. Débattons en public ! → ....

f. Convaincs tes collègues ! → ....

g. Préviens le responsable ! → ....

406 Donnez l'infinitif présent des verbes. (Attention aux accents !)

Exemple : Tu achètes quelque chose ? → acheter

a. Tu enlèveras tes affaires. → ....

b. J'adhère totalement à votre thèse. → ....

c. Ils intègrent une Grande École de commerce. → ....

d. Tu te promènes souvent dans ce parc ? → ....

e. Elle suggère de changer de tactique. → ....

f. Ils t'appelleront demain. → ....

g. Je projette d'aller surfer à Hawaï. → ....

h. Il répète tout le temps la même chose. → ....

407 Répondez avec un infinitif présent comme dans l'exemple.

Exemple : Soutenez-les ! → Hors de question de les soutenir.

a. Convainquons-le ! → Pas facile de le ....

b. Préviens-la ! → Difficile ....

c. Obéis-lui ! → Pas question ....

d. Promets-lui ! → Inutile ....

e. Interdis-lui ! → Pas possible ....

f. Retiens-le ! → Impossible ....

• **L'infinitif et les verbes pronominaux**

Quand un verbe, à la forme pronominale, est à l'infinitif, il faut accorder le pronom réfléchi au sujet du verbe principal de la phrase.

Vous ne pouvez pas vous désintéresser de cette histoire.

---

408 Complétez avec les pronoms.

Exemple : Nous devrions nous dépêcher, il est déjà 11 h.

a. Je n'arrive pas à .... souvenir de son nom.

b. Ils ne voulaient pas .... servir avant la maîtresse de maison.

c. Vous devrez .... habituer à votre nouvel environnement.

d. Ce serait bien de .... rejoindre directement au restaurant.

e. Nous prévoyons de .... retrouver à la sortie du métro.

f. On te demande de .... taire et de .... calmer.

g. Il est temps pour elle de .... préparer.

• **L'infinitif et la négation**

À l'infinitif, les deux parties des négations (*ne... pas, ne... plus, ne... rien, ne... jamais*) sont ensemble et placées avant le verbe.

Être ou ne pas être, c'est la question, comme disait Shakespeare.

---

409 Mettez dans l'ordre.

Exemple : ne / affirment / cette / connaître / pas / Ils / personne.
→ Ils affirment ne pas connaître cette personne.

a. grave / de / parents. / C' / respecter / pas / ne / est / ses

→ ....

b. Il / pas / dit / vouloir / vexer. / ne / vous

→ ....

c. jamais / juré / retourner. / J' / de / y / ai / ne

→ ....

d. promis / plus / de / ne / Il / boire. / a

→ ....

e. voir. / heureux / est / de / très / vous / On

→ ....

f. désolée / pouvoir / de / pas / venir. / suis / Je / ne

→ ....

g. de / regrettons / libres. / Nous / places / plus / avoir / ne / de

→ ....

410 Changez l'impératif en infinitif présent comme dans l'exemple.

Exemple : Ne te plains pas ! → Je te demande de ne pas te plaindre.

a. Ne vous vexez pas ! → ....

b. Ne t'énerve pas ! → ....

c. Ne vous découragez jamais ! → ....

d. Ne t'inquiète pas ! → ....

e. Ne te sens plus coupable ! → ....

f. Ne vous sacrifiez pas ! → ....

411 Complétez à l'infinitif présent et à la forme négative.

Exemple : Je crains de ne pas me faire comprendre. (se faire)

a. Nous regrettons de .... plus souvent. (se réunir)

b. Vous avez tort de .... (se renseigner)

c. Je fais attention de .... mal. (se faire)

d. Ils ont décidé de .... (s'engager)

e. Tu as eu raison de .... (s'enfuir)

f. On a préféré .... inutilement. (s'obstiner)

• L'infinitif passé

L'infinitif passé se forme sur le passé composé. Il suffit de changer l'auxiliaire « être » ou « avoir » et de le mettre à l'infinitif.

Il a vu. → Avoir **vu.**
Nous sommes allés. → Être **allés.**
Ils se sont levés. → S'être **levés.**

On l'utilise à la place de l'infinitif présent quand l'action est passée.

Je suis heureuse de vous parler. (= je vous parle maintenant)
Je suis heureuse de vous avoir parlé. (= je vous ai parlé)

✋ C'est le même sujet qui fait les deux actions (ici : *être heureuse* et *parler*).

Les règles d'accord du participe passé sont les mêmes que pour le passé composé.

L'infinitif passé des verbes *être* et *avoir* et verbes en *-er*

412 **Exprimez un jugement comme dans l'exemple.**

Exemple : Tu as eu de bonnes notes ? → C'est bien d'avoir eu de bonnes notes.

a. Nous avons eu du succès. → C'est magnifique d'.. .

b. Vous avez été courageux. → Bravo d' ....

c. J'ai eu les félicitations du jury. → C'est formidable ....

d. Ils ont été très actifs. → C'est admirable ....

e. Elle a eu le 1er prix. → C'est super ....

f. On a été persévérants. → C'est bien ....

413 **Complétez les infinitifs passés avec *être* ou *avoir* puis reliez.**

a. Après avoir redoublé d'efforts,

b. Ils ont pris une décision

c. C'est bizarre

d. Je ne pense pas

e. Ils sont revenus chez eux

f. .... transformé ce bâtiment

1. après .... passé une semaine à la campagne.

2. d'................. mélangé ces deux ingrédients.

3. .... déjà allé dans cette ville.

4. a été un vrai défi.

5. il a remporté le match.

6. sans .... pesé le pour ou le contre.

414 **Barrez ce qui ne convient pas.**

Exemples : Ils étaient si heureux ~~d'être~~ / d'avoir monté cette pièce de théâtre.
  Après être / ~~avoir~~ apparue sur scène en janvier, elle a renoncé à sa carrière.

a. Il était furieux d'être / d'avoir passé à côté de cette bonne occasion.

b. On est contents d'être / d'avoir arrivés à régler ce problème informatique.

c. C'est gentil d'être / d'avoir descendu mes bagages.

d. Après être / avoir rentré la voiture au garage, elle a vu les traces de l'accident.

e. On regrettait d'être / d'avoir passé si peu de temps ensemble.

415 Rapportez les paroles de quelqu'un. Modifiez les phrases comme dans l'exemple.

Exemple : « Nous avons cherché partout. » → Ils m'ont dit avoir cherché partout.

a. « J'ai eu très peur. » → Elle m'a avoué ....

b. « On a été un peu déçus. » → Ils m'ont admis ....

c. « Nous avons préféré abandonner. » → Ils ont déclaré ....

d. « Je suis rentré à la maison à 20 h. » → Il a affirmé ....

e. « On a bien mangé ! » → Ils ont reconnu ....

f. « J'ai gagné au loto ! » → Elle s'est réjouie d' ....

g. « On est arrivées trop tard. » → Elles ont regretté d' ....

416 Complétez avec *avoir* et *être* et faites l'accord du participe passé si nécessaire.

Exemple : Elle a remercié sa sœur de l'avoir aidée.

a. Il n' a pas pu .... volé.. ces objets.

b. Après l' .... essayé......... et l' .... trouvé................... à son goût, elle a acheté la robe.

c. Ils ont admis .... allé... chez lui en son absence.

d. Les vacances d'été, je suis heureux de les .... passé................................... dans le Sud.

e. Nous avons regretté de ne pas .... acheté... cet appartement.

f. Elles étaient fières d'................... monté................................... les 1 710 marches de la tour Eiffel.

g. Madame, excusez-moi de vous .... dérangé... .

417 Exprimez le regret en utilisant l'infinitif passé.

Exemple : On n'a pas eu le temps de se voir.
→ C'est dommage de ne pas avoir eu le temps de se voir !

a. Je ne suis jamais allé dans ce pays.

→ C'est regrettable de ....

b. Vous n'avez pas trouvé de solution ?

→ C'est ennuyeux ....

c. Tu n'as pas assisté pas à cette réunion ?

→ Quel dommage de .... !

d. Ils n'ont pas économisé un peu d'argent.

→ Ils ont eu tort ....

e. Il n'a pas laissé ses coordonnées.

→ C'est bête de ....

f. On n'a jamais profité du jardin.

→ Nous regrettons de ....

418 Complétez à l'infinitif passé.

Après avoir embrassé *(embrasser)* **(a)** sa femme, il quitta la maison l'esprit tranquille, estimant l'...................... bien .... *(écouter)* **(b)** et l'...................... *(rassurer)* **(c)** sur leur avenir. Il pensait .... *(garer)* **(d)** sa voiture devant chez lui mais elle n'y était pas. Il se rappela alors l'...................... *(laisser)* **(e)** chez le garagiste après .... *(passer)* **(f)** chez son frère la veille et .... *(rentrer)* **(g)** à pied. Ces derniers temps, sa mémoire lui jouait des tours !

L'infinitif passé des verbes en *-ir*, *-re* et *-oir*

419 **Reliez. (Plusieurs possibilités.)**

a. Je suis ravie

b. Elle est furieuse

c. C'est magnifique

d. Encore merci

e. C'est scandaleux

f. Il se rappelait

g. On ne peut pas être

h. Êtes-vous fatigué

1. d'être allée là-bas pour rien.

2. d'avoir eu ce prix !

3. d'avoir fait du stop ?

4. et avoir été.

5. avoir fait ce pèlerinage quand il était jeune.

6. d'avoir pu rencontrer cet homme admirable.

7. de ne pas l'avoir su à temps.

8. d'être venu !

420 **Mettez dans l'ordre.**

Exemple : Ils / affirmé / à / être / accord. / parvenus / un / ont
→ Ils ont affirmé être parvenus à un accord.

a. suis / offert / ravi / lui / Je / ce / avoir / bijou. / de

→ ....

b. d' / réagi / bizarre / ça. / C' / comme / est / avoir

→ ....

c. était / avoir / public. / d' / conquis / Il / le / heureux

→ ....

d. à / avait / nos / honte / menti / parents. / avoir / On / d'

→ ....

e. partis / la / n' / fin. / avant / pas / Ils / d' / contents / étaient / être

→ ....

f. objectifs. / Je / tes / accompli / félicite / d' / avoir / te

→ ....

g. rien / espère / oublié. / J' / avoir / ne

→ ....

421 **Soulignez la bonne réponse.**

Exemple : Elle a été félicitée pour <u>être</u> / *avoir* intervenue dans la discussion.

a. Nous avons bien fait d'*être* / d'*avoir* prévenu les voisins.

b. Je te remercie d'*être* / d'*avoir* descendu la poubelle.

c. J'étais ravie d'*être* / d'*avoir* sortie dîner avec eux.

d. Il était ému d'*être* / d'*avoir* tenu son petit-fils dans ses bras.

e. C'était agréable d'*être* / d'*avoir* descendu dans un bel hôtel.

f. Quelle idée géniale d'*être* / d'*avoir* ressorti ces vieilles photos !

422 Complétez avec les verbes à l'infinitif passé.

Exemple : Après avoir accueilli les visiteurs, il fit un beau discours. *(accueillir)*

a. Après .... sa thèse, il s'est bien reposé. *(soutenir)*

b. C'est original d' .... dans un train ! *(naître)*

c. Désolé d' .... ta nappe. *(salir)*

d. Fier d' .... le cœur de Juliette ? *(conquérir)*

e. Après .... bien ...., c'est oui ! *(réfléchir)*

f. Je me souviens d' .... de la colère. *(ressentir)*

423 Complétez en mettant les verbes proposés à l'infinitif présent ou passé.

vivre – épargner – faire – monter – mettre – réunir – obtenir – acquérir – patienter – concevoir – déposer

Un beau projet

Après avoir vécu **(a)** dans un appartement au centre ville, elle rêvait d'une petite maison écologique. Elle s'est décidée à .... **(b)** son projet à exécution. Après .... **(c)** pendant des années, elle a pu .... **(d)** une somme importante. Elle avait la chance d'............................... **(e)** la connaissance d'un banquier un mois auparavant. Il l'a aidée à .... **(f)** un dossier solide. Heureuse d'............................... **(g)** un prêt et d'............................... **(h)** un terrain, elle a commencé à .... **(i)** le plan de la maison avec un architecte afin d'............................... **(j)** le permis de construire. Après .... **(k)** quatre longs mois, les travaux ont démarré.

424 Faites une seule phrase avec les deux éléments donnés.

Exemple : Tu nous as déçus. / C'est grave.
→ C'est grave de nous avoir déçus.

a. Tu as mal réagi. / Tu as tort.

→ ....

b. Il m'a trahi. / Il a honte.

→ ....

c. Ils ont résolu le problème. / Ils sont heureux.

→ ....

d. Vous avez vaincu votre timidité. / Vous êtes fiers.

→ ....

e. Tu as commis une injustice. / Tu regrettes.

→ ....

f. Elle a émis quelques réserves. / Elle déclare.

→ ....

425 Complétez. (Attention à l'accord des participes passés.)

Exemple : Elle a de la chance d'être née dans cette famille.

a. Je ne voudrais pas .... véc............................ à cette époque.

b. Alors tes exercices, quand comptes-tu les .... fini........................ ?

c. Je suis ravie d'.. fai.. votre connaissance.

d. Ils estiment .... trop souff.................................. de cette situation.

e. Quelles bonnes idées ! C'est génial de les .... soum .... au directeur.

f. On est contents d'.. ven .... à ta fête.

426 **Complétez le texte en mettant les verbes à l'infinitif présent au passé.**

Exemple : Vous voulez vous inscrire à l'université ? Vous devez faire différentes démarches :

– obtenir un numéro d'identification national ;

– fournir une adresse mail valide ;

– transmettre les relevés de notes du Bac ;

– aller sur Internet ;

– compléter toutes les informations demandées ;

– parcourir la liste des formations proposées ;

– faire plusieurs choix ;

– mettre vos choix par ordre de préférence ;

– attendre les réponses ;

– obtenir des propositions ;

– répondre aux propositions.

Vous ne pourrez vous inscrire à l'université qu'après avoir obtenu un numéro d'identification national,

qu'après ....

....

....

....

....

....

L'infinitif passé des verbes pronominaux

┌─ • **L'infinitif passé et les verbes pronominaux** ─────────────

Quand les verbes sont à la forme pronominale, l'infinitif passé se forme sur le passé composé, c'est-à-dire avec l'auxiliaire « être ».

Se réveiller → **S'être réveillé(e)(s)**

L'accord du participe passé suit les mêmes règles que pour le passé composé.

Ils étaient tellement heureux de s'être retrouvés !

427 Transformez les phrases en remplaçant *tant que* par *avant de* + l'infinitif comme dans l'exemple.

Exemple : Tu ne pourras pas aller chez ton copain...
tant que tu n'auras pas fini tes exercices.
→ Tu n'iras pas chez ton copain avant d'avoir fini tes exercices.

a. tant que tu ne te seras pas douché.

→ avant ....

b. tant que tu n'auras pas nettoyé la salle de bains.

→ ....

c. tant que tu ne te seras pas habillé correctement.

→ ....

d. tant que tu ne te seras pas décidé à ranger ta chambre.

→ ....

e. tant que tu ne te seras pas occupé du chat.

→ ....

f. tant que tu n'auras pas descendu la poubelle.

→ ....

428 Donnez toutes les formes orthographiques possibles de l'infinitif passé des verbes proposés.

Exemple : Se plaindre → S'être plaint, s'être plaints, s'être plainte, s'être plaintes.

a. Se passer → ....

b. S'enrichir → ....

c. Se repentir → ....

d. Se rejoindre → ....

e. Se taire → ....

f. S'éteindre → ....

g. Se battre → ....

h. S'asseoir → ....

429 Accordez le participe passé si nécessaire.

Exemple : Elle pense s'être appauvrie ces dernières années.

a. Elles ont pris la décision sans s'être concerté... .

b. Vous êtes sûrs de vous être bien compris... ?

c. Tous les deux, on croyait s'être perdu... dans la forêt.

d. Avec cette déclaration, je ne crois pas m'être fait .... des amis !

e. Ils avaient peur de s'être trop éloigné... de la côte.

f. Nous étions si contents de nous être revu... !

430 Complétez à l'infinitif passé.

Régime alimentaire

Après s'être passée (*se passer*) (**a**) de sucreries, après .... (*se mettre*) (**b**) au régime et .... (*se priver*) (**c**) de tout ce qu'elle aimait, elle n'a pas maigri. Elle a beau .... (*se forcer*) (**d**) à faire des exercices de gym quotidiens, ... (*s'abonner*) (**e**) à un magazine de santé, ... (*se cuisiner*) (**f**) des plats diététiques, elle n'a pas perdu un gramme !

> ── • **L'infinitif passé et la négation** ──────────────
>
> Pour la forme négative, les deux termes de la négation se placent avant le verbe (et avant le pronom). Cependant, mettre la négation dans le même ordre que le passé composé est admis.
>
> **Je crois** ne pas **avoir** bien **compris** votre question.
>
> **Je crois** n'**avoir** pas bien **compris** votre question.

431 Faites une seule phrase avec les deux termes de la négation avant le verbe, comme dans l'exemple.

Exemple : Je ne me suis pas inscrit à ce cours. / Je regrette.
→ Je regrette de ne pas m'être inscrit à ce cours.

a. Je ne me suis jamais ennuyé à ces conférences. / Je t'assure.

→ ....

b. Il ne s'est pas occupé de cette affaire. / Il affirme.

→ ....

c. Nous ne nous sommes plus préoccupés de lui. / Nous avouons.

→ ....

d. Elles ne se sont pas encore informées. / Elles disent.

→ ....

e. Vous ne vous êtes pas joints à nous ? / Vous regrettez.

→ ....

f. Tu ne t'es jamais posé de question à ce sujet ? / Tu admets.

→ ....

432 Mettez à l'infinitif passé.

Exemple : Vous avez reconnu vous être absenté sans raison valable. (*s'absenter*)

a. Il est vexé de .... de son erreur. (*ne pas s'apercevoir*)

b. Je te remercie d'... à mon secours. (*venir*)

c. Il a été jugé pour .... à des groupes terroristes. (*se lier*)

d. Elles ont agi sans .... des conséquences. (*se préoccuper*)

e. Nous avons été sanctionnés pour .... parti pour elle. (*prendre*)

f. Vous affirmez .... vos responsabilités ? (*ne jamais fuir*)

433 Complétez le dialogue à l'infinitif (présent ou passé) avec les verbes proposés.

oublier – se rappeler – rentrer – pouvoir – se disputer – passer – se souvenir – se retrouver – se raconter

– Je suis désolée de ne pas m'**être souvenu** (**a**) de ton anniversaire.

– Ce n'est pas grave ! Je te pardonne d'........................... (**b**). C'est normal de ne pas .... (**c**) toutes les dates de naissance de tes ex-copines !

– J'étais pourtant sûr de l'........................... (**d**) dans mon smartphone.

– Ne t'inquiète pas ! L'essentiel pour moi est d'........................... (**e**) cette bonne soirée avec toi, d'........................... (**f**) discuter tranquillement. C'est bien agréable de .... (**g**) après une longue absence et de .... (**h**) toutes nos aventures... et de ne pas .... (**i**) !

Bilan 11

1. Complétez avec des verbes au passé de l'infinitif.

Désolée de n'avoir pas répondu (*ne pas répondre*) (**a**) plus tôt à ton invitation et de .... (*ne pas se rendre*) (**b**) à ton exposition mais j'ai vraiment eu beaucoup de problèmes ces derniers temps. Je croyais .... tout .... (*subir*) (**c**) de mon nouvel employeur. Mais non, ça n'a pas arrêté : après m'........................... (*faire*) (**d**) des remarques désagréables, m'........................... (*refuser*) (**e**) toutes les primes auxquelles j'avais droit et, en plus, ... (*baisser*) (**f**) mon salaire, il a imposé de nouvelles règles impossibles à appliquer. Bref, il y a 3 semaines, après .... (*s'efforcer*) (**g**) de trouver un compromis, après .... bien .... (*réfléchir*) (**h**), j'ai donné ma démission. J'ai deux regrets : .... (*entrer*) (**i**) dans cette entreprise et ne pas en .... (*partir*) (**j**) plus tôt.

2. Complétez ce dialogue en reprenant les verbes soulignés (placés avant ou après) et en les mettant à l'infinitif présent ou passé.

– Je suis désolé d'interrompre (**a**) votre travail.

– Mais vous n'interrompez pas mon travail : je ne travaille pas.

– Excusez-moi d'........................... (**b**) en retard !

– Mais vous n'êtes pas en retard !

– Ah bon ? Mais je croyais .... (**c**) rendez-vous avec vous !

– Pas du tout ! Vous n'avez pas rendez-vous avec moi pour la bonne raison que je ne vous ai jamais rencontré !

– Mais je croyais vous .... (**d**) à la galerie *Insider*. J'étais persuadé de vous y .... (**e**).

– Impossible que vous m'ayez vue à une exposition : je ne vais jamais dans les galeries.

– Alors je vous confonds sans doute avec une autre personne.

– En effet, vous devez .... (**f**) avec quelqu'un d'autre.

– Ah bon ? Je suis vraiment confus de vous .... **(g)** impoliment.

– Mais non, vous ne m'<u>avez</u> pas <u>abordée</u> impoliment.

– Excusez-moi de .... **(h)** à votre table.

– Oui, c'est un peu surprenant ! Mais vous pouvez <u>vous asseoir</u> ailleurs : il y a de la place.

– Je suis ridicule de .... **(i)**.

– Il arrive à tout le monde de <u>se tromper</u>.

– Excusez-moi de vous .... **(j)**.

– Vous ne m'<u>avez</u> pas <u>importunée</u>, ce n'est pas grave.

– Et merci d'.. **(k)** de dîner avec moi.

– Mais, je n'<u>ai</u> pas <u>accepté</u> de dîner avec vous ! C'est incroyable !

12 • Le participe présent

• Le participe présent

On forme le participe présent à partir du radical du verbe au présent à la première personne du pluriel, auquel on ajoute -ant.

Nous **buv**ons → **buv**ant
Nous **range**ons → **range**ant
Nous **commenç**ons → **commenç**ant

Attention! Participes présents irréguliers :
être → étant – *avoir* → ayant – *savoir* → sachant.

Le sujet du participe présent doit être le même que celui du verbe principal.
On l'utilise :
– pour remplacer une proposition relative;

Les personnes <u>qui font</u> partie de l'association recevront une invitation.
→ **Les personnes faisant partie de l'association...**

– pour exprimer une cause.

<u>Comme</u> je n'ai pas ton numéro de téléphone, je ne peux pas t'appeler.
→ **N'ayant pas ton numéro de téléphone...**

• Le gérondif

On forme le gérondif en ajoutant *en* au participe présent.

En lisant. – En faisant. – En prenant.

On l'utilise pour exprimer :

– une simultanéité : **<u>Il regarde</u> la télé en buvant un café.**

– la manière de faire quelque chose : **<u>J'ai appris le français</u> en écoutant des chansons françaises.**

– le temps : **En arrivant à la maison, j'allume la télé.** (= Quand j'arrive à la maison, j'allume la télé.)

– la condition : **<u>Si</u> vous êtes organisé, vous ne serez pas stressé.** → **En étant organisé, vous ne serez pas stressé.**

– la cause : **Il a été malade <u>parce qu'</u>il a trop mangé.** → **En mangeant trop, il a été malade.**

Les verbes *être* et *avoir* et verbes en -er

434 **Mettez les verbes au présent de l'indicatif puis au participe présent.**

Exemple : Crier → nous crions   → criant

a. Annoncer   → nous ....   → ....

b. Appeler   → nous ....   → ....

c. Partager   → nous ....   → ....

d. Envoyer → nous .... → ....

e. Espérer → nous .... → ....

f. Remercier → nous .... → ....

g. Acheter → nous .... → ....

435 Reliez.

a. Il m'a regardé

b. J'ai appris la nouvelle

c. Elle a maigri

d. Étant végétarien,

e. Elle est tombée

f. En étant trop généreux,

g. Les élèves arrivant en retard

h. N'ayant pas de diplôme,

1. en marchant dans la rue.

2. en évitant le sucre.

3. auront une punition.

4. en pleurant.

5. il est devenu pauvre.

6. je mange beaucoup de protéines végétales.

7. elle a du mal à trouver du travail.

8. en écoutant la radio.

436 Remplacez les propositions relatives par un participe présent.

Exemple : **Les enfants qui ont plus de 3 ans doivent aller à l'école.**
→ Les enfants ayant plus de 3 ans doivent aller à l'école.

a. Les appartements qui ont vue sur la tour Eiffel sont très chers.

→ ....

b. J'évite de consommer des aliments qui renferment des additifs.

→ ....

c. Les jeunes qui cherchent un job pour l'été sont nombreux.

→ ....

d. Les étudiants qui assistent régulièrement aux cours ont plus de chance de réussir.

→ ....

e. La police a arrêté un automobiliste qui roulait à 180 km à l'heure.

→ ....

f. Elle n'aime pas faire des tâches qui demandent beaucoup d'efforts.

→ ....

437 Complétez avec un gérondif comme dans l'exemple.

Exemple : **Il est interdit de conduire...**
téléphoner → en téléphonant.

a. taper des SMS → ....

b. vérifier son maquillage dans le rétroviseur → ....

c. fumer → ....

d. avoir un taux d'alcool élevé → ....

e. transporter 6 passagers dans une voiture à 4 places → ....

f. dépasser la vitesse autorisée → ....

g. ignorer le code de la route → ....

438 **Transformez en utilisant un gérondif.**

Exemple : tomber / marcher dans la rue (elle)
→ Elle est tombée en marchant dans la rue.

a. acheter une voiture / emprunter de l'argent à ses parents (il)

→ ....

b. apprendre le français / regarder des films en français (ils)

→ ....

c. perdre beaucoup d'argent / jouer au casino (on)

→ ....

d. répondre / crier (je)

→ ....

e. partir / claquer la porte (elle)

→ ....

f. sortir / oublier votre clef (vous)

→ ....

g. retrouver sa montre / ranger sa chambre (je)

→ ....

439 **Transformez les phrases en utilisant le gérondif.**

Exemple : Quand on a déplacé ce meuble, on a cassé le vase de Chine.
→ En déplaçant ce meuble, on a cassé le vase de Chine.

a. Lorsque j'ai rangé mes affaires, j'ai trouvé cette lettre.

→ ....

b. Pour nous réveiller, elle a crié.

→ ....

c. Nous allons examiner chaque cas et on va commencer par le plus urgent.

→ ....

d. Si vous mélangez du bleu et du jaune, vous obtenez du vert, évidemment.

→ ....

e. L'avocat a commencé sa plaidoirie et a rappelé l'article 405 du Code Pénal.

→ ....

f. Quand j'ai déménagé, j'ai jeté beaucoup de choses.

→ ....

g. Philippe a déclenché l'alarme car il a appuyé sur le bouton.

→ ....

h. Quand ils ont prononcé ce mot, ils avaient l'air ravi.

→ ....

440 Remplacez la proposition relative par un participe présent.

Exemple : J'ai trouvé une assistante qui sait parler anglais.
→ J'ai trouvé une assistante sachant parler anglais.

a. Nous connaissons un professeur qui a beaucoup d'expérience.

→ ....

b. Je cherche une maison qui ressemble à celle de mon enfance.

→ ....

c. Ils ont acheté une voiture qui consomme peu d'essence.

→ ....

d. Elle ne lit que des livres qui racontent des histoires vraies.

→ ....

e. Il n'y a pas beaucoup de mots qui commencent par un « z ».

→ ....

f. Elle garde beaucoup d'objets qui lui rappellent son enfance.

→ ....

g. Sa grand-mère a un grenier qui recèle de nombreux trésors.

→ ....

441 Mettez les verbes au participe présent.

Exemple : Comment gagner du temps ?
→ en ayant un agenda à jour. *(avoir)*

a. en .... les priorités et les urgences. *(différencier)*
b. en .... le temps nécessaire à chaque tâche. *(évaluer)*
c. en .... ce que vous avez à faire. *(visualiser)*
d. en .... des pauses toutes les heures. *(planifier)*
e. en .... réaliste quand vous fixez une date limite. *(être)*
f. en .... le plus possible. *(déléguer)*

Les verbes en *-ir, -re* et *-oir*

442 Mettez les verbes au présent de l'indicatif puis au participe présent.

Exemple : Voir → nous voyons   → voyant

a. Choisir   → nous ....   → ....
b. Devenir   → nous ....   → ....
c. Produire   → nous ....   → ....
d. Disparaître   → nous ....   → ....
e. Vouloir   → nous ....   → ....
f. Dire   → nous ....   → ....
g. Mentir   → nous ....   → ....
h. Joindre   → nous ....   → ....

443 Cochez ce qu'expriment le participe présent ou le gérondif dans chaque phrase. (Plusieurs possibiltés.)

1. simultanéité   **2.** condition   **3.** manière   **4.** cause

Exemple : En buvant une boisson chaude, vous vous sentirez mieux.   1.☐ 2.☐ 3.☒ 4.☐

a. En lisant ce roman, j'ai découvert un écrivain génial.   1.☐ 2.☐ 3.☐ 4.☐

b. En souscrivant un abonnement maintenant, vous économisez 30 %.   1.☐ 2.☐ 3.☐ 4.☐

c. En répondant à ces questions, tu peux gagner un voyage en Tunisie.   1.☐ 2.☐ 3.☐ 4.☐

d. Elle a embrassé tout le monde en partant.   1.☐ 2.☐ 3.☐ 4.☐

e. Ils ont raconté cette histoire en riant.   1.☐ 2.☐ 3.☐ 4.☐

f. Tu as provoqué un courant d'air en ouvrant la fenêtre.   1.☐ 2.☐ 3.☐ 4.☐

g. Nous avons un peu discuté en attendant.   1.☐ 2.☐ 3.☐ 4.☐

444 Transformez les phrases comme dans l'exemple.

Exemple : Si vous poursuivez vos efforts, vous réussirez.
→ En poursuivant vos efforts, vous réussirez.

a. Si le gouvernement maintient ces mesures, il provoquera une grève illimitée.

→ ....

b. Si tu investis dans l'immobilier, tu ne prends pas de gros risques.

→ ....

c. Si vous lisez beaucoup, vous aurez une culture générale plus étendue.

→ ....

d. Si les parents transmettent leurs valeurs à leurs enfants, ils leur assurent un meilleur avenir.

→ ....

e. Si nous unissons nos efforts, nous serons plus efficaces.

→ ....

f. Si vous enfreignez la loi, vous vous exposez à des sanctions.

→ ....

445 Répondez aux questions avec un gérondif.

Exemple : Comment a-t-il guéri ? *(prendre des antibiotiques)*
→ En prenant des antibiotiques.

a. Comment restez-vous en bonne forme ? *(faire du sport)*

→ ....

b. Comment a-t-elle connu son petit ami ? *(suivre le même cours à l'université)*

→ ....

c. Comment as-tu si bien réussi ce gâteau ? *(voir un grand pâtissier le faire)*

→ ....

d. Comment la police a-t-elle retrouvé le voleur ? *(interroger les voisins)*

→ ....

e. Comment as-tu résolu le problème de ton ordinateur ? *(l'éteindre)*

→ ....

f. Comment l'avocat a-t-il sauvé son client ? (*convaincre les jurés de son innocence*)

→ ....

g. Comment avez-vous trouvé la réponse ? (*réfléchir*)

→ ....

446 Barrez ce qui ne convient pas.

Exemple : *Étant* / ~~En étant~~ en vacances, je n'ai pas consulté mes mails professionnels.

a. J'ai perdu la vidéo *montrant* / *en montrant* les premiers pas de notre fils.

b. Il parle *dormant* / *en dormant*.

c. Ils cherchent une maison *ayant* / *en ayant* une vue sur les Pyrénées.

d. Il a fait tomber son portefeuille *en sortant* / *sortant* son billet de train.

e. Il a gagné beaucoup d'argent *investissant* / *en investissant* à la bourse.

f. j'ai surpris ma fille *écrivant* / *en écrivant* sur le mur de sa chambre.

g. La police a verbalisé un homme *conduisant* / *en conduisant* en état d'ivresse.

h. Elle a progressé *suivant* / *en suivant* une formation.

447 Complétez avec les verbes de la liste en les mettant au participe présent ou au gérondif.

joindre – savoir – contenir – pouvoir – permettre – craindre – fournir – vieillir – choisir

Exemple : Il a convaincu le policier de son innocence en fournissant un bon alibi.

a. Elle a trouvé un job lui .... de garder du temps pour sa famille.

b. On a acheté un aspirateur .... aller sous tous les meubles.

c. Elle est devenue plus tolérante ....

d. Les douaniers ont saisi une valise .... de la drogue.

e. Vous avez pris des risques .... ce mode de vie.

f. Ils ont pris une année sabbatique .... que ce serait difficile financièrement.

g. .... le froid, elle a renoncé à une expatriation au Canada.

h. Veuillez nous envoyer ce formulaire .... une photocopie de votre carte d'identité.

448 Remplacez les mots en italique par un participe présent ou un gérondif.

Exemple : Je lui demande des explications *parce que je ne comprends pas* son comportement.
→ Ne comprenant pas son comportement, je lui demande des explications.

a. *Si vous respectez* le code de la route, vous n'aurez pas d'accident.

→ ....

b. *Quand j'entends ces mensonges*, je ressens une grande colère.

→ ....

c. *Comme on n'avait rien* de spécial à faire, on a joué aux échecs.

→ ....

d. *Comme nous craignions* les bouchons, nous sommes partis très tôt.

→ ....

e. Elle n'aime pas aller à la mer *parce qu'elle ne sait pas nager*.

→ ....

f. *Si vous vivez à la campagne, vous échappez à la pollution.*

→ ....

g. *Lorsqu'ils ont pris cette décision, ils étaient sûrs de faire le bon choix.*

→ ....

h. *Comme elle a vu que personne ne l'écoutait, elle a interrompu son discours.*

→ ....

• Le participe présent et l'adjectif verbal

Le participe présent peut devenir un nom ou un adjectif.

habiter → habitant → un habitant
intéresser → intéressant

Contrairement au participe présent, l'adjectif verbal s'accorde en genre et en nombre avec le nom.

Cette émission ne m'intéressant pas, j'ai changé de chaîne.
J'ai vu une émission intéressante.

✋ Attention ! L'adjectif verbal et le participe présent s'écrivent parfois différemment.

Une journée fatigante.
Le bruit me fatiguant, je suis allé au calme dans ma chambre.
Note aux résidents.
Mon ami, résidant à l'étranger, ne paie pas ses impôts en France.

Participe présent	Adjectif verbal
convainquant	convaincant
provoquant	provocant
négligeant	négligent
précédant	précédent
excellant	excellent
naviguant	navigant
émergeant	émergent
divergeant	divergent

---

449 **Mettez le verbe à la première personne du pluriel et trouvez l'adjectif verbal.**

Exemple : Cela m'émeut. → nous émouvons → une histoire émouvante

a. Ça me déplaît. → nous .... → une remarque ....

b. Ça me surprend ! → nous .... → des propos ....

c. Ça te déçoit ? → nous .... → des résultats ....

d. Ça nous distrait. → nous .... → une activité ....

e. Ça me terrifie. → nous .... → un crime ....

f. Ça me choque. → nous .... → une attitude ....

450 Complétez avec le nom formé sur le participe présent du verbe.

Exemple : Un passant est un homme qui passe dans la rue.

a. Un .... est quelqu'un qui voit dans le futur.

b. Un mauvais .... est un joueur qui n'aime pas perdre.

c. Un .... est quelqu'un qui intervient dans un Congrès.

d. Un .... est une personne qui se plaint devant un tribunal.

e. Un .... est quelqu'un qui croit en Dieu ou en des divinités.

f. Un .... est quelqu'un qui enseigne.

451 Complétez les terminaisons.

Exemple : Les ouvriers négligeant les règles de sécurité risquent de graves accidents.

a. Il a répondu d'une manière provo ....

b. La semaine précéd .... Noël a été très agitée.

c. Le PDG a fait un discours convain ....

d. L'année précéd ...., nous avions eu de meilleurs résultats.

e. N'excell .... pas en maths, il a choisi la filière littéraire.

f. Cet excell .... élève a un brillant avenir devant lui.

g. Elle est très néglig .... avec ses vêtements.

h. Je n'aime pas conduire à la nuit tomb ....

452 Complétez avec un participe présent ou un adjectif verbal.

naviguant – navigant – émergent – émergeant – fatiguant – fatigant – provocant –
provoquant – divergeant – divergent

Exemple : Suite à une grève du personnel navigant, tous les vols sont annulés.

a. Il exerce un métier ....

b. Ce médicament, ... de fortes réactions, a été retiré du marché.

c. Je lui parle rarement, ses opinions .... complètement des miennes.

d. Cette discussion le .... , il est parti se reposer.

e. Un pays .... est un pays en voie de développement.

f. Son discours .... a fait l'objet de nombreuses critiques.

g. Les bateaux .... dans cette zone doivent être très prudents.

h. Nous avons des avis .... sur la politique.

i. Nous avons vu un crocodile .... juste à côté de notre bateau.

Les verbes pronominaux

• Le participe présent et les verbes pronominaux

Pour les verbes pronominaux, le pronom varie selon le sujet.

Nous sachant observés, nous avons quitté la pièce.
Me rendant compte de mon erreur, je l'ai corrigée.

453 Mettez les infinitifs au participe présent ou au gérondif.

Exemple : S'apercevant qu'un orage arrivait, les randonneurs sont restés au refuge. *(s'apercevoir)*

a. Ils ont compris qu'.. les tâches, ils avanceraient plus vite. *(se répartir)*

b. Elle a gardé la forme .... de façon équilibrée. *(se nourrir)*

c. Une comète .... droit vers la Terre inquiète la Nasa. *(se diriger)*

d. ...., ils se sont séparés. *(ne plus s'entendre)*

e. ...., vous éviterez les malentendus. *(se parler)*

f. Elles ont été très étonnées, ... à une telle réaction. *(ne pas s'attendre)*

g. Nous avons trouvé une vie plus calme .... à la campagne. *(s'installer)*

454 Complétez avec les verbes proposés au participe présent.

se restreindre – se mettre – se plaindre – se voir – se servir – se rendre – se conduire

Exemple : En te mettant au travail tout de suite, tu finiras avant le dîner.

a. En .... de tes deux mains, ça sera plus facile.

b. En .... de cette façon, vous allez vous faire des ennemis.

c. Il a quitté le magasin en .... du mauvais accueil.

d. En .... à l'aéroport, nous avons eu de gros bouchons.

e. Ils ont maintenu une bonne relation en .... souvent.

f. Nous avons économisé en .... sur les dépenses inutiles.

455 Complétez avec les verbes proposés au participe présent ou au gérondif.

s'attendre – attendre – se connaître – connaître – se croire – croire – se passer – passer

Exemple : Les pessimistes vivent en s'attendant toujours au pire.

a. La ...., je sais qu'elle acceptera de nous aider.

b. .... supérieurs aux autres, ils regardent tout le monde avec mépris.

c. .... par ce chemin, vous irez plus vite.

d. .... bien, je peux prévoir mes réactions.

e. J'adore les films .... au Moyen Âge.

f. .... que tout le monde était déjà réveillé, j'ai fait du bruit.

g. Il faut garder le moral, ... des jours meilleurs.

Le passé du participe présent

• Le passé du participe présent

Il se forme sur le passé composé avec *étant* et *ayant* + participe passé.
Il exprime l'antériorité d'une action par rapport à une autre.

N'ayant pas tenu ses promesses, le maire n'a pas obtenu la majorité.
Étant rentrée à minuit, elle s'est réveillée fatiguée.

Au passé du participe présent, les règles de l'accord du participe passé sont les mêmes qu'au passé composé.

S'étant trompés dans leurs calculs, ils ont dû recommencer.

---

456 **Transformez le participe présent au passé. (Plusieurs possibilités.)**

Exemple : passant → étant passé / ayant passé

a. attendant → ....

b. descendant → ....

c. atteignant → ....

d. naissant → ....

e. devenant → ....

f. traversant → ....

g. sortant → ....

457 **Reliez.**

a. La neige n'ayant pas cessé de tomber toute la nuit,

b. N'ayant pas eu de nouvelles,

c. Ayant été bousculé par la presse,

d. Je suis resté au bureau jusqu'à 20 h,

e. Le chien, ayant senti le danger,

f. Impossible de passer par ce quartier,

g. Nous étant informés auparavant,

1. la préfecture ayant interdit la circulation.

2. le chanteur a décidé de porter plainte.

3. les routes étaient bloquées.

4. dressait ses deux oreilles.

5. nous n'étions pas surpris.

6. ne m'étant pas rendu compte de l'heure.

7. je commençai à m'inquiéter.

458 **Barrez ce qui ne convient pas.**

Exemple : Il n'a pas ri, *n'ayant* / ~~n'étant~~ pas compris la blague.

a. *N'ayant* / *N'étant* jamais eu l'occasion de parler à ces personnes, je ne sais pas ce qu'ils pensent.

b. Elle a eu peur à son premier cours d'équitation *n'étant* / *n'ayant* jamais montée à cheval.

c. Mes parents *étant* / *ayant* toujours vécu dans un village, ont eu du mal à s'adapter à la vie urbaine.

d. *N'ayant* / *N'étant* pas encore acquis les bases de la langue, ils s'expriment lentement.

e. *Ayant* / *Étant* fini de rembourser mon emprunt, j'envisage d'acheter une maison.

f. *M'étant* / *M'ayant* cassé la jambe, j'ai dû arrêter de travailler.

g. Il a eu des difficultés à reprendre l'école, *ayant* / *étant* passé ses vacances à ne rien faire.

h. *Ayant* / *Étant* sortie tard du bureau, j'ai raté mon train.

459 Transformez les parties en italique en mettant les verbes soulignés au participe présent ou au passé du participe présent.

Exemple : J'ai protesté et j'ai obtenu réparation.
→ Ayant protesté, j'ai obtenu réparation.

a. Je n'ai pas eu de nouvelles d'elle, alors je l'ai appelée.

→ ....

b. Elle a perdu ses clés. Elle est venue dormir chez moi.

→ ....

c. Son mari est asocial. Ils n'invitent personne chez eux.

→ ....

d. Il n'a pas encore trouvé de travail. Il dépend financièrement de ses parents.

→ ....

e. Avez-vous lu la notice qui explique comment mettre en marche cet appareil ?

→ ....

f. Vous ne pouvez pas entrer dans la salle parce que le concert a déjà commencé.

→ ....

g. Il parle couramment français car il a passé 10 ans en France.

→ ....

h. Comme je n'ai pas reçu de réponse à mon premier mail, je me permets de vous recontacter.

→ ....

460 Rayez ce qui ne convient pas. Complétez les participes passés si nécessaire.

Exemple : Ayant / ~~Étant~~ trop bu, elle n'a pas pris sa voiture.

a. La neige ayant / étant recouv.. la route, je ne suis pas sorti.

b. Ils ont renoncé à construire eux-mêmes leur maison, tout le monde les ayant / étant découragé.................. .

c. N'étant / N'ayant jamais retourné.. dans leur pays, ils ont perdu beaucoup d'amis.

d. Je n'ai pas pu reconnaître ma tante sur la photo, ne l'ayant / étant jamais vu... .

e. Étant / Ayant passé.................. par des moments très difficiles, nous profitons maintenant de chaque minute de la vie.

f. La valeur des actions ayant / étant beaucoup baissé..., ils attendent pour les vendre.

g. N'étant / N'ayant pas assuré .... de garder son travail, elle économise.

h. Ayant / Étant déjà adopté... 4 chiens, ils hésitent à en prendre un cinquième.

461 Mettez les verbes entre parenthèses au participe présent ou au passé du participe présent puis reliez.

a. En poursuivant votre combat, (*poursuivre*) ⎯⎯⎯⎯⎯
b. En .... cette décision, (*prendre*)
c. .... en France, (*naître*)
d. .... ses études à 16 ans, (*interrompre*)
e. .... un chef étoilé, (*devenir*)
f. .... 4 fois, (*divorcer*)
g. .... à un accord, (*arriver*)
h. .... la TVA, (*inclure*)

1. on arrive au prix de 500 euros.
2. elle préfère renoncer au mariage.
3. elle doit suivre une formation.
4. ils prennent des risques.
5. vous finirez par gagner.
6. ses filles peuvent demander leur naturalisation.
7. nous nous sommes réconciliés.
8. il a pu ouvrir un deuxième restaurant.

462 Participe présent ou passé du participe présent ? Complétez.

Exemple : S'étant blessée au pied, elle marche avec difficulté. (*se blesser*)
a. Les membres du jury .... un accord, le prix n'a été finalement attribué à personne. (*ne pas trouver*)
b. .... au travail de nuit, elle a demandé de changer de poste. (*ne pas s'habituer*)
c. Après une semaine de coma, il s'est réveillé en ne .... de rien. (*se souvenir*)
d. .... compte que tout le monde se moquait de nous, nous nous sommes sentis mal. (*se rendre*)
e. Il maigrit en .... à un régime strict. (*s'astreindre*)
f. .... depuis 20 ans, ils n'ont pas besoin de se parler pour se comprendre. (*se connaître*)
g. .... il y a 20 ans, elles ne se sont jamais perdues de vue. (*se rencontrer*)
h. Ils veulent déménager, ... dans cet appartement. (*ne pas se plaire*)

463 Complétez avec le participe présent, le passé du participe présent ou le gérondif. De qui s'agit-il ?

Icare – Ulysse – Achille – Prométhée – Narcisse – Eros – Hercule

Exemple : Il s'est brûlé les ailes en s'approchant trop près du soleil. (*s'approcher*) → Icare
a. On le représente souvent comme un enfant .... le trouble dans le cœur des Hommes. (*mettre*) → ....
b. .... son épouse et ses enfants, il a dû effectuer 12 travaux réputés irréalisables. (*tuer*) → ....
c. Il a découvert son reflet .... au-dessus d'un lac et il en est tombé amoureux. (*se pencher*) → ....
d. Il est mort, une flèche .... dans son talon qui était la seule partie vulnérable de son corps. (*se planter*) → ....
e. Il a battu les Troyens .... entrer dans la ville des soldats grecs cachés dans un cheval. (*faire*) → ....
f. .... le feu aux dieux, Zeus l'a condamné à être enchaîné à un rocher. (*voler*) → ....

464 Complétez avec le participe présent, le passé du participe présent ou le gérondif.

Une école pas comme les autres

Maria Montessori, médecin et pédagogue, s'étant rendu (se rendre) (**a**) compte de l'inefficacité des méthodes pédagogiques traditionnelles, a conçu une nouvelle stratégie pédagogique .... (se baser) (**b**) sur la liberté, l'autonomie et le respect des autres.

.... (considérer) (**c**) que l'enfant est une personne autonome .... (avoir) (**d**) une personnalité, il faut lui créer un environnement lui .... (permettre) (**e**) de développer son potentiel. .... (concevoir) (**f**) un matériel et des activités .... (stimuler) (**g**) les sens et l'intelligence, Maria Montessori a bouleversé les principes de l'école. Elle a mis au point un système sans notation, sans évaluation, sans compétition .... (privilégier) (**h**) ainsi l'envie d'apprendre et la curiosité. .... (devenir) (**i**) acteur de son apprentissage, ... (choisir) (**j**) lui-même ses activités, ... (suivre) (**k**) son rythme, ... (pouvoir) (**l**) se déplacer selon son gré, l'enfant éprouve un sentiment de liberté, de créativité et d'ouverture aux autres.

Bilan 12

1. Mettez les verbes au participe présent, au passé du participe présent ou au gérondif.

L'humanité en danger

Comment en sommes-nous arrivés là ? .... (affaiblir) (**a**) notre écosystème, ... (consommer) (**b**) sans modération les ressources non renouvelables, ... (détruire) (**c**) des habitats riches en vie animale et végétale, ... (étendre) (**d**) les surfaces agricoles par la déforestation, ... (polluer) (**e**) l'air, la mer et le sol par les engrais et les pesticides, ... (sous-estimer) (**f**) les risques pour l'humanité, ... (ne pas traiter) (**g**) les problèmes qui menacent la terre et ses habitants, nous nous sommes mis en danger. Il est urgent d'agir, ... (savoir) (**h**) que l'homme ne peut pas vivre sans la nature. En effet, il n'est pas au-dessus de la nature mais il en fait partie. .... (croire) (**i**) que les ressources de la planète sont infinies, nous nous trompons. Chacun d'entre nous peut contribuer à créer un monde plus écologique .... (acheter) (**j**) des produits réutilisables et non jetables, ... (choisir) (**k**) des moyens de transports écologiques, ... (réduire) (**l**) notre consommation d'objets connectés, ... (construire) (**m**) des maisons .... (consommer) (**n**) peu d'énergie, ... (privilégier) (**o**) des produits locaux, ... (renoncer) (**p**) un peu à notre confort. Adopter un comportement écologique .... (exiger) (**q**) des efforts représente une contrainte que nous devons surmonter. Mais la volonté .... (être) (**r**) une ressource renouvelable infinie, nous pouvons y arriver.

2. **Complétez avec les verbes proposés en les mettant au participe présent et devinez de quoi il s'agit.**

a. *vieillir – solliciter – utiliser*

– Vous la perdez en ....

– Vous l'améliorez en la ....

– Elle enregistre les informations en .... les 5 sens.

C'est ....

b. *naître – acquérir – calculer*

– On en a déjà en ....

– On la développe tout au long de notre vie en .... de nouvelles connaissances.

– On l'évalue en .... son quotient.

C'est ....

c. *obéir – savoir – s'énerver*

– Les enfants abusent de celle de leurs parents en n'... pas.

– On en fait preuve en .... attendre.

– On la perd en ....

C'est ....

d. *prendre – accomplir – vivre*

– Vous en montrez en .... des risques.

– Vous en avez en .... des tâches difficiles.

– Vous en avez besoin en .... dangereusement.

C'est ....

e. *renoncer – finir – construire*

Vous en faites preuve...

en ne .... jamais.

en .... ce que vous avez entrepris.

en... un puzzle de 1 000 pièces.

C'est ....

13 • La voix passive

Les verbes en -er

• La voix passive

La voix passive n'est possible qu'avec des verbes transitifs, c'est-à-dire des verbes qui peuvent avoir des compléments d'objet direct (COD). Le COD devient alors le sujet de l'auxiliaire « être » qui précède toujours le verbe conjugué.

Le participe passé du verbe conjugué s'accorde avec le sujet.

Le président inaugure une nouvelle bibliothèque. → <u>Une nouvelle bibliothèque</u> est inaugurée **par le président.**

La voix passive existe à tous les temps. Il suffit de changer le temps de l'auxiliaire « être ».

Au passé composé :
Les étudiants n'<u>ont</u> pas <u>compris</u> les exercices. → **Les exercices n'**ont **pas** été compris **par les étudiants.**

---

465 **Reliez.**

a. Il est terriblement exigeant :

b. Haut les mains !

c. Je n'ai pas pu lui parler longtemps au téléphone.

d. Tous les jeunes Européens

e. Cette nouvelle a été confirmée :

f. L'entreprise a été délocalisée

g. De nouvelles mesures sont annoncées

h. Ces animaux sont protégés

1. On a été coupé.

2. car ils ont été trop chassés au siècle dernier.

3. tout lui est dû !

4. Vous êtes faits comme des rats !

5. et on espère qu'elles seront respectées.

6. seront-ils dispensés du service militaire ?

7. et les salariés ont été licenciés.

8. on a été informé immédiatement.

466 **Voix passive ou voix active ? Cochez.**

Exemples : On avait été attentifs.
Ces jouets ont été faits en Indonésie.

a. Tu n'avais pas pu le faire.

b. Vous avez été félicités.

c. Ils s'étaient mariés en 1930.

d. Nous étions déguisés.

e. Ce mouvement s'est bien développé.

f. Nous avons été gâtés.

g. Tous se sont donné rendez-vous devant le théâtre.

h. Les joueurs ont été découragés.

1. ☒ Voix active	2. ☐ Voix passive
1. ☐ Voix active	2. ☒ Voix passive
1. ☐ Voix active	2. ☐ Voix passive
1. ☐ Voix active	2. ☐ Voix passive
1. ☐ Voix active	2. ☐ Voix passive
1. ☐ Voix active	2. ☐ Voix passive
1. ☐ Voix active	2. ☐ Voix passive
1. ☐ Voix active	2. ☐ Voix passive
1. ☐ Voix active	2. ☐ Voix passive
1. ☐ Voix active	2. ☐ Voix passive

467 **Mettez à la voix active comme dans l'exemple en utilisant *on*.**

Exemple : Des tracts sont distribués. → On distribue des tracts.

a. Tous les salariés sont convoqués. → ....

b. Un nouveau musée est créé. → ....

c. Des ouvriers sont embauchés. → ....

d. Une course automobile est organisée. → ....

e. L'action du gouvernement est critiquée. → ....

f. Des aides aux étudiants sont accordées. → ....

g. Tout ce que vous dites est enregistré. → ....

468 **Mettez à la voix passive, au présent.**

Exemple : Un jeune couple occupe cette maison. → Cette maison est occupée par un jeune couple.

a. La police bloque cette rue. → ....

b. Cette maison d'édition publie ce livre. → ....

c. Les députés votent les lois. → ....

d. Le médecin fixe le rendez-vous. → ....

e. Les journalistes rapportent les nouvelles. → ....

f. Le metteur en scène dirige les acteurs. → ....

469 **Posez des questions à la voix passive et au présent avec les éléments donnés.**

Exemple : Cette nouvelle / confirmer → Cette nouvelle est-elle confirmée ?

a. Ce professeur / remplacer → ....

b. Le rendez-vous / reporter → ....

c. Vous / sélectionner → ....

d. Ces informations / vérifier → ....

e. Nous / accepter → ....

f. Les victimes / dédommager → ....

470 **Complétez au passé composé et, si besoin, faites l'accord des participes passés.**

Exemple : La Constitution a été modifiée.

a. Le coupable .... interpellé.................. par la police.

b. Les camions .... bloqué........... par la neige.

c. Le concert .... annulé...... et les billets .... remboursé...... .

d. Des organisations culturelles .... créé................ .

e. Des brochures .... distribué................ .

f. L'action du gouvernement .... critiqué................ .

471 Transformez ces titres de journaux en communiqués à la voix passive, au passé composé.

Exemple : Lancement de la campagne anti-tabac.
→ Une campagne anti-tabac a été lancée.

a. Élimination de l'équipe de France de basket.

→ ....

b. Arrestation de trois prisonniers évadés.

→ ....

c. Création d'un observatoire d'astronomie.

→ ....

d. Signature d'un contrat sur le temps de travail.

→ ....

e. Suppression de certaines taxes douanières.

→ ....

f. Contrôle de mille automobilistes.

→ ....

472 Mettez dans l'ordre.

Exemple : sujet / n' / abordé. / Le / a / été / pas
→ Le sujet n'a pas été abordé.

a. Le / a / été / secret / n' / pas / divulgué.

→ ....

b. plus / ont / n' / jamais / importunés. / Ils / été

→ ....

c. n' / pas / été / avez / Vous / invités ?

→ ....

d. -tu / déjà / vacciné ? / été / As

→ ....

e. ascenseur / n' / a / encore / L' / réparé. / été / pas

→ ....

f. contactés. / avons / n' / pas / Nous / été

→ ....

473 Transformez à la voix passive, au passé composé, comme dans l'exemple.

Exemple : On l'a convoqué pour son inscription.
→ Il a été convoqué pour son inscription.

a. On les a interrogés pendant des heures.

→ ....

b. On m'a opéré en urgence.

→ ....

c. On ne vous a pas informés de ce changement ?

→ ....

d. On ne t'a jamais remercié pour ce que tu as fait ?

→ ....

e. On ne l'a pas remplacée pendant sa maladie.

→ ....

f. On nous a toujours félicités pour notre travail.

→ ....

474 Complétez à la voix passive et au passé composé.

Discussion entre amis

– Devinez quoi ! J'ai été agressé *(agresser)* **(a)** dans le métro.

– Ça craint !

– Heureusement, ça s'est bien terminé. Le type .... *(arrêter)* **(b)** et je n'................. pas

.... *(blesser)* **(c)**.

– Eh bien moi, mon ordinateur .... *(pirater)* **(d)** et beaucoup de mes fichiers

.... *(effacer)* **(e)**.

– C'est pas vrai !

– Et vous savez que Christophe .... *(cambrioler)* **(f)** ?

– Oh ! Arrêtez ! vous n'avez pas de bonnes nouvelles ?

– Si, Betty et moi, nous .... *(ovationner)* **(g)** lors de notre dernier spectacle.

– Et moi, j'................................... *(demander)* **(h)** en mariage !

– Oh là là ! Félicitations !

475 Complétez à la voix passive à l'imparfait de l'indicatif.

Exemple : À cette époque...
on enseignait le latin et le grec. → le latin et le grec étaient enseignés.

a. on respectait les professeurs. → ....

b. on récompensait les élèves avec des prix. → ....

c. on imposait des règles strictes. → ....

d. on ne contestait pas le règlement. → ....

e. On renvoyait les élèves rebelles. → ....

f. on valorisait les études. → ....

476 Complétez à la voix passive au plus-que-parfait de l'indicatif.

Un voyage mouvementé

Aux vacances de Pâques, il avait été décidé *(décider)* **(a)** que nous partirions en train. Les billets .... *(acheter)* **(b)** sur Internet. La veille du départ tous les bagages .... *(préparer)* **(c)** et la maison .... *(ranger)* **(d)**. Tout .... bien .... *(organiser)* **(e)**. Mais quand nous étions arrivés à la gare, tous les trains .... *(retarder)* **(f)** à cause de la tempête et nous .... *(obliger)* **(g)** d'attendre 3 heures. Pendant le voyage, le train .... *(arrêter)* **(h)** plusieurs fois. Nous étions finalement arrivés à destination après 7 heures de voyage, épuisés.

477 **Mettez à la voix passive au futur simple.**

Exemple : On publiera le règlement de ce concours sur notre site.
→ Le règlement de ce concours sera publié sur notre site.

a. On fixera une date limite de dépôt des candidatures.

→ ....

b. On examinera toutes les candidatures avec attention.

→ ....

c. On sélectionnera trois candidats pour la finale.

→ ....

d. On attribuera le 1er prix deux mois plus tard.

→ ....

e. Si vous avez gagné, on vous informera par téléphone.

→ ....

f. On distribuera de très beaux cadeaux.

→ ....

478 **Complétez les phrases avec les verbes proposés, à la voix passive et au futur simple.**
discuter – informer – accompagner – expédier – contrôler – ériger

Exemple : Patientez ! Vous serez informés dans les prochains jours.

a. Un monument .... à la mémoire des héros de la Résistance.
b. Vous .... d'une interprète.
c. Les colis .... sous huitaine.
d. Ce projet de loi .... à l'Assemblée Nationale.
e. Nous .... par un inspecteur.

479 **Mettez ce texte à la voix active, au passé simple.**

L'enfant fut abandonné dans la forêt et fut trouvé par un chasseur. Il fut placé dans une famille de paysans jusqu'à ses 10 ans. Puis il fut envoyé dans un établissement religieux où il fut éduqué par des prêtres. À 18 ans, il fut employé comme apprenti chez un menuisier. Son travail fut remarqué par le comte de Charonne.
On abandonna l'enfant ....
....
....
....

480 **Complétez avec le verbe *être* au passé simple et accordez les participes passés si nécessaire.**

Exemple : Les paquets furent renvoyés.

a. La loi .... voté.............. .
b. Tous les opposants .... rapidement arrêté.............. .
c. Des élections .... organisé.............. .
d. Un porte-parole .... désigné.............. .
e. Ses paroles .... cité.............. .

f. Les ordres .... exécuté...................... .

481 Mettez à la voix passive au conditionnel présent ou passé. (Plusieurs possibilités.)

Exemple : D'après eux les progrès auraient été réalisés ces dernières années. *(réaliser)*

a. Un mot gentil ...., cela m'aurait fait plaisir. *(apprécier)*

b. Au cas où tu .... pour raison économique une indemnité

te .... *(licencier/verser)*

c. Au cas où le concert ...., les billets .... *(annuler/rembourser)*

d. Cette jeune femme prétend qu'elle .... par ce producteur. *(harceler)*

e. Au cas où cet article .... avec une semaine de retard, un bon de 20 euros

vous .... *(envoyer/accorder)*

f. Selon lui, les mesures de sécurité .... dernièrement. *(renforcer)*

482 Complétez au subjonctif présent.

Exemple : C'est bien qu'une journée, le 8 mars, soit consacrée aux femmes.

a. En effet, pensez-vous que la parité .... respectée ?

b. Il est important que les femmes .... représentées en politique.

c. Mesdames, il faut que vous .... mieux informées.

d. Il est scandaleux que les femmes .... moins bien payées que les hommes.

e. Il n'est pas question que nous .... défavorisées à travail égal.

f. Il est normal que tous les métiers .... exercés par les femmes.

g. On aimerait que plus de crèches .... créées.

h. Il faudrait que les hommes .... plus impliqués dans l'éducation des enfants.

483 Mettez à la voix passive et au subjonctif passé.

Exemple : On n'a pas changé l'heure de la réunion, je ne crois pas.
→ Je ne crois pas que l'heure de la réunion ait été changée.

a. On a modifié l'emploi du temps.

→ Je ne pense pas que l'emploi du temps ....

b. On vous a rayé de la liste.

→ Ce n'est pas possible que j'... .

c. On a renvoyé vos amis.

→ C'est incroyable que mes amis ....

d. On a complètement ignoré notre demande.

→ C'est injuste que notre demande ....

e. On nous a trompés !

→ Je ne peux pas croire que nous ....

f. On a annulé toutes les inscriptions.

→ C'est scandaleux que toutes ....

484 **Transformez les phrases en utilisant l'infinitif passé ou présent.**

Exemple : On m'a mené par le bout du nez.
→ Je suis furieux d'avoir été mené / d'être mené par le bout du nez.

a. On nous a traités avec respect.

→ Nous sommes reconnaissants ....

b. Ils ont été soupçonnés injustement.

→ Ils sont choqués ....

c. On l'a impliqué dans ce vol.

→ Il nie ....

d. On la dérange constamment.

→ Elle refuse ....

e. On va le nommer à un nouveau poste.

→ Il pense ....

f. On les a mal conseillés.

→ Ils regrettent ....

Les verbes en -ir, -re et -oir

485 **Reliez.**

a. Il perdit la raison

b. À cette époque,

c. L'éditeur a annoncé

d. Le pourboire

e. Cette nouvelle série

f. Cet écrivain

g. Son roman

1. sera adapté au cinéma.

2. ce travail était bien rémunéré.

3. est compris dans le prix.

4. une fois qu'il fut démis de ses fonctions.

5. a été vue par 10 millions d'internautes.

6. que le livre serait traduit en 5 langues.

7. avait été admis à l'Académie française.

486 **Soulignez les verbes à la voix passive de l'exercice précédent et donnez le temps de ces verbes.**

1. ....

2. ....

3. ....

4. ....

5. ....

6. ....

7. ....

487 **Faites une phrase à la voix passive, au présent de l'indicatif.**

Exemple : Vendre / la voiture → La voiture est vendue.

a. Clore / la discussion → ....

b. Faire / les jeux → ....

c. Jeter / les dés → ....

d. Prendre / la décision → ....

e. Réussir / la mission → ....

f. Garantir / les produits → ....

g. Éteindre / l'incendie → ....

488 Complétez au présent de l'indicatif à la voix passive.

Dans la classe

Alors, les enfants, tout est noté *(noter)* **(a)**? Les leçons .... *(apprendre)* **(b)**? Les devoirs .... *(faire)* **(c)**? Les dates .... *(mémoriser)* **(d)**? Les règles .... *(comprendre)* **(e)**? Les bureaux .... *(ranger)* **(f)**? Les bonnes résolutions .... *(tenir)* **(g)**?

489 Transformez à la voix passive au passé composé, comme dans l'exemple.

Exemple : On nous a interrompus en plein milieu de la réunion.
→ Nous avons été interrompus en plein milieu de la réunion.

a. On vous a inscrit sur une liste d'attente.

→ ....

b. On t'a choisi pour représenter l'école.

→ ....

c. On les a poursuivis pour détournement d'argent.

→ ....

d. On m'a applaudi à la fin de mon exposé.

→ ....

e. On l'a contraint de s'expliquer.

→ ....

f. On lui a remis la somme en mains propres.

→ ....

g. On nous a exclus de l'équipe.

→ ....

490 Complétez à la voix passive, au passé composé.

Exemple : Le contrat a été rompu unilatéralement. *(rompre)*

a. Nous .... trop tard. *(avertir)*

b. Une baleine blanche .... le long des côtes. *(apercevoir)*

c. Ils .... de séjour sur le territoire. *(interdire)*

d. Il .... d'accueillir les réfugiés dans ce bâtiment. *(convenir)*

e. Tous les problèmes .... *(résoudre)*

491 Complétez à la voix passive et à l'imparfait de l'indicatif.

Meeting politique

Son discours était attendu (*attendre*) (**a**). La salle .... (*décorer*) (**b**) de drapeaux et un orchestre .... (*installer*) (**c**) juste devant l'estrade.

Les militants .... (*réunir*) (**d**) pour écouter le chef de leur parti. Celui-ci .... (*interviewer*) (**e**) par une horde de journalistes. Le meeting .... (*ouvrir*) (**f**) à tous. À l'entrée, les spectateurs .... (*accueillir*) (**g**) par un groupe de militants et des tracts leur .... (*distribuer*) (**h**). Tout .... (*faire*) (**i**) pour que ce meeting soit un succès.

492 Mettez à la voix passive, au plus-que-parfait de l'indicatif.

Exemple : La ville avait changé...
une grande salle de sport avait été construite. (*construire*)

a. le parc .... (*agrandir*)

b. l'école .... (*repeindre*)

c. les rues .... (*élargir*)

d. La petite librairie .... (*détruire*)

e. Une aire de jeux .... (*créer*)

f. Le nombre d'habitants .... par deux. (*multiplier*)

493 Transformez à la voix passive et au futur simple.

Exemple : On va vous avertir si nécessaire.
→ Vous serez averti(e)(s) si nécessaire.

a. On va interdire la circulation à partir du 1er novembre.

→ ....

b. On va soumettre cette proposition à la direction.

→ ....

c. On va nous contraindre de modifier nos horaires.

→ ....

d. On va vous offrir un bon de 50 euros.

→ ....

e. On va déduire cette somme de votre prochaine commande.

→ ....

f. On va rendre un hommage à cet artiste.

→ ....

g. On va leur soumettre une proposition.

→ ....

494 Mettez à la voix passive et au futur simple.

Exemple : On accueillera tous les étudiants de 1re année.
→ Tous les étudiants de 1re année seront accueillis.

a. On <u>vous</u> préviendra en temps voulu.

→ ....

b. On fera <u>le nécessaire</u>.

→ ....

c. On vous enverra <u>les documents</u>.

→ ....

d. On découvrira <u>de nouvelles planètes</u>.

→ ....

e. On te remettra <u>ton diplôme</u>.

→ ....

f. On recevra <u>les ministres de l'Union Européenne</u>.

→ ....

495 Annoncer une nouvelle avec des réserves. À partir des titres donnés, rédigez une phrase à la voix passive, au conditionnel présent ou passé. (Parfois les 2 possibilités.)

Exemple : Déception des supporters du PSG.
→ Les supporters du PSG seraient déçus / auraient été déçus.

a. Découverte de nouvelles tombes égyptiennes.

→ ....

b. Rétablissement de l'impôt sur la fortune dans un futur proche.

→ ....

c. Prochaine construction d'un nouvel aéroport.

→ ....

d. Corruption d'un ministre dans une affaire immobilière.

→ ....

e. Arrestation de 5 terroristes.

→ ....

496 Mettez à la voix passive au passé simple.

La pyramide du Louvre

En 1981, François Mitterrand fut élu *(élire)* **(a)** président de la République. Le Louvre connut alors une grande transformation : l'annexe de l'aile Richelieu, utilisée par le ministère des Finances, ... *(réintégrer)* **(b)** au musée. En 1983, l'architecte sino-américain Ming Pei .... *(désigner)* **(c)** pour aménager une nouvelle entrée afin de recevoir le public. C'est ainsi que la pyramide .... *(concevoir)* **(d)**. Le projet .... très .... *(critiquer)* **(e)** par les Parisiens et le président .... *(soupçonner)* **(f)** de se prendre pour un pharaon ! Mais le projet .... *(réaliser)* **(g)** avec succès.

497 Mettez à la voix passive au passé simple.

Exemple : On réduisit le pouvoir du prince. → Le pouvoir du prince fut réduit.

a. On anéantit tout espoir. → ....

b. On combattit les opposants. → ....

c. On poursuivit les coupables. → ....

d. On entendit les témoins. → ....

e. On vainquit l'ennemi. → ....

f. On pendit les criminels. → ....

498 Complétez à la voix passive et au subjonctif passé.

Exemple : Je ne pense pas que sa cause ait été défendue par un bon avocat. (*défendre*)

a. Imaginez que vous .... pour cette mission. (*choisir*)

b. Je crains qu'une grave erreur .... (*commettre*)

c. C'est scandaleux que le film .... (*censurer*)

d. J'ai bien peur que le problème n'....................... pas .... (*résoudre*)

e. Ils sont catastrophés que leur équipe .... (*battre*)

f. On doute que ce texte .... au XVIᵉ siècle. (*écrire*)

499 Transformez, comme dans l'exemple, en utilisant l'infinitif passé à la voix passive.

Exemple : Même si on l'a nommée aux Oscars, elle n'est pas très connue.
→ Elle a beau avoir été nommée aux Oscars, elle n'est pas très connue.

a. Même s'il a été suivi par un psychiatre, il n'est pas guéri.

→ Il a beau ....

b. Même si elle a vécu dans le luxe, elle n'est pas heureuse.

→ Elle a beau ....

c. Même si j'ai été séduite par la beauté du lieu, je n'y habiterais pas.

→ J'ai beau ....

d. Même s'ils ont été reconnus à leur époque, on les a oubliés aujourd'hui.

→ Ils ....

e. Même si tu as été admis à l'oral, tu n'as pas encore réussi ton examen.

→ Tu ....

f. Même si vous avez prévu 3 heures, il se peut que ce soit plus long.

→ ....

500 Transformez à la voix passive en respectant le temps des verbes.

Exemple : Ce plat se sert avec une sauce blanche.
→ Ce plat est servi avec une sauce blanche.

a. Le stade se situe à la sortie de la ville.

→ ....

b. Ce livre s'est vendu à un million d'exemplaires.

→ ....

c. La sélection se fera par tranche d'âge.

→ ....

d. Cette langue ancienne se lisait de haut en bas.

→ ....

e. Ces valeurs se sont transmises de génération en génération.

→ ....

f. Il est peu probable que le problème se règle à l'amiable.

→ ....

g. Le « r » se prononce dans la gorge.

→ ....

Bilan 13

1. Complétez à la voix passive aux différents temps indiqués.

Présent : 1, 2, 3 – Imparfait : 7, 10 – Passé composé : 5, 6, 9 – Plus-que-parfait : 4 – Infinitif : 8

Quoi de plus banal qu'un parapluie, un objet qui .... *(considérer)* (**1**) comme une chose utile et bon marché et souvent de mauvaise qualité : un coup de vent et votre parapluie .... *(casser)* (**2**) ! En France, 12 millions de parapluies .... *(jeter)* (**3**) dans les poubelles chaque année. Mais d'où vient le parapluie ? En Asie, un parapluie-parasol .... déjà .... *(concevoir)* (**4**) par l'empereur Wang Mang au Iᵉʳ siècle ! Mais en France, on affirme que le premier parapluie pliant .... *(inventer)* (**5**) en 1705 par un certain Jean Marius, commerçant à Paris. Au cours du XVIIIᵉ siècle, son usage .... *(se répandre)* (**6**) au point de devenir un accessoire de mode. Au XIXᵉ siècle, ô surprise, il .... mal .... *(voir)* (**7**) au Royaume-Uni : une personne chic préférait .... *(s'abriter)* (**8**) de la pluie dans sa voiture que marcher à pied sous un parapluie. Et qu'en est-il des ombrelles ? Elles .... *(fabriquer)* (**9**) sur le même principe que les parapluies, mais en tissu plus léger et non imperméable et en Chine, dès le XIᵉ siècle, elles .... *(réserver)* (**10**) aux nobles pour protéger le teint clair des aristocrates du soleil.

D'après *Wikipédia*

2. Complétez à la voix passive aux différents temps indiqués.

Présent : 2 – Passé composé : 1, 3, 4, 5, 6, 14, 15 – Plus-que-parfait : 10 –
Futur simple : 9, 12 – Conditionnel : 11 – Infinitif : 7, 8, 13

À l'arrêt, au bord d'une route nationale

– Gendarmerie Nationale ! Bonjour madame ! Vos papiers, s'il vous plaît !

– Voilà !

– Vous .... *(contrôler)* (**1**) à 70 km à l'heure alors que la vitesse .... *(limiter)* (**2**) à 50 km.

– Je suis désolée. Je suis infirmière libérale et j'.. *(appeler)* (**3**) de toute urgence pour un de mes patients qui .... *(hospitaliser)* (**4**) pour un AVC. J'.. *(prévenir)* (**5**) par sa sœur.

– Oui, je comprends, mais vous .... *(flasher)* (**6**) pour excès de vitesse. Deux points vont vous .... *(retirer)* (**7**) de votre permis de conduire et une amende de 135 euros devra .... *(acquitter)* (**8**). Elle .... *(majorer)* (**9**) en cas de non paiement.

– Mais, monsieur, je vous assure que si je n'.................... pas .... *(contraindre)* (**10**) de répondre à cet appel urgent, je n'.................... pas .... *(obliger)* (**11**) d'aller aussi vite. J'ai des circonstances atténuantes.

– Madame, vous pouvez adresser une lettre de contestation. Votre demande .... *(examiner)* (**12**) mais a peu de chance d'.. *(accepter)* (**13**) car votre plaque d'immatriculation et votre vitesse .... *(enregistrer)* (**14**) par le radar.

– Pas de chance ! J'.. *(piéger)* (**15**) par ce radar !

Dépôt légal : août 2020 - N° de projet : 10270119
Achevé d'imprimer en juillet 2021 par Bona S.p.A. à Turin en Italie